フォトエッセイとイラストで楽しむ

ちいさな
カタコト*ドイツ語ノート

森本智子

国際語学社

Vorwort　はじめに

旅行へ行く時に困るのが言葉。現地の人とうまくコミュニケーションを取りたいけどなかなかうまくは行きません。英語が分かれば世界中どこでもある程度通用するけど、やっぱり現地の言葉で挨拶や簡単なやり取りができると嬉しいし、現地の人も喜んでくれることがあります。言葉が少し分かることで旅の情報量も圧倒的に違ってきます。

ドイツ語はよく「難しいですよね」と言われます。「第二外国語はドイツ語だったけど、今じゃあさっぱり…」などと言う方も多いです。それでもやっぱりドイツ語圏へ行ったら、昔習ったドイツ語で少し会話をしてみたいと思いませんか。難しい文法などはこの際考えず、旅の思い出として、旅を一層楽しくするための「コミュニケーションツール」としてカンタンなドイツ語をぜひ話してみて欲しいと思います。

この本ではドイツ語初心者の方も、少し習ったことがある方にも、できるだけ分かりやすく、便利な単語・フレーズを選んでまとめてみました。また、ドイツへ行ったら気を付けておきたい点、私がドイツで面白いなと思った点などもできるだけ盛り込んであります。ベルリンを中心にまとめてありますが、東西ドイツ統一後20年を経た今もどんどん変化・発展を遂げる都市ベルリンやその周辺都市を感じたい方へ、この本が少しでもお役に立てば幸いです。

またこの本の執筆にあたっては国際語学社の小谷様・根岸様、監修の境一三先生、写真を提供してくれた志田恭子さん、Rina Prinz-Sanchomeさんをはじめ多数の皆様に感謝申し上げます。

2013 年 6 月
森本智子

ドイツ語カタカナ発音表記の読み方

本文中に出てくる単語にはカタカナで読み方を記してあります。ドイツ語の発音をカタカナで忠実に表現することは難しいのですが、初心者の方がドイツ語になじむための参考に、という思いからつけてあります。発音に関する注意は8ページ以降にまとめてありますので、より詳しく知りたい方はそちらをご参照ください。

Inhalt 目次

この本のご利用にあたって

■この本に収録した情報は，2013 年 6 月現在のものです。

Einleitung

序章　ちいさなドイツ語文法

1. 名前などの綴りを伝える時に役立つアルファベート (Alphabet)

A	アー	**P**	ペー
B	ベー	**Q**	クー
C	ツェー	**R**	エア
D	デー	**S**	エス
E	エー	**T**	テー
F	エフ	**U**	ウー
G	ゲー	**V**	ファウ
H	ハー	**W**	ヴェー
I	イー	**X**	イクス
J	ヨット	**Y**	ユプスィロン
K	カー	**Z**	ツェット
L	エル	**Ä**	アーウムラウト
M	エム	**Ö**	オーウムラウト
N	エヌ	**ß**	エスツェット
O	オー	**Ü**	ウーウムラウト

＊これを参考に、名前の綴りを聞かれたら答えてみましょう。

私の名前（mein Name マイン　ナーメ）は、

- -

2. ドイツ語の綴りの基本的な読み方、発音の例

Ä ä	エー（アの口の形でエという）**AE / ae** とも綴る （例：**spät** シュペート＝遅い）
Ö ö	エー（オの口の形でエという）**OE / oe** とも綴る （例：**öl** エール＝油）
Ü ü	ユー（ウの口の形でエという）**UE / ue** とも綴る （例：**übrig** ユーブリヒ＝残りの）
-ß	サ行の音を表し、**SS / ss** とも綴ることがあります。 語頭に使うことはありません。（例：**groß** グロース＝大きい）
b	語尾に母音なしでつく場合は **[p]** の発音になります。 （例：**halb** ハルプ＝半分の）
d	語尾に母音なしでつく場合は **[t]** の発音になります。 （例：**Mund** ムント＝口）
ei	アイ　**Ei**（アイ＝卵）、**mein**（マイン＝私の） ＊ただし **ai** でも「アイ」と読みます。
eu	オイ　**Euro**（オイロ）、**Europa**（オイローパ）
g	語尾に母音なしでつく場合は **[k]** の発音になることがあります。 （例：**mag** マーク＝ **mögen** の一人称単数形）「ヒ」に近い音に なることもあります。（例：**König** ケーニヒ＝王様　※地方に よってはケーニクと **k** の発音になるところも。）
pf	**p** と **f** の音を一緒に出します。 （例：**Pflanze** プフランツェ＝植物）
qu	ドイツ語には **QU** で始まる単語が多いですが、この場合の発音 は **[kv]** になり、単語の例は以下の通りです。（例：**Quittung**（ク ヴィットゥング＝レシート）、**Quark**（クヴァーク＝クワルクチーズ））

S	Sは次に母音が続くときはザ行の音を表します （例：**Sonne** ゾンネ ＝ 太陽）
SP・ST	後に**P**や**T**がつく場合、**S**は「シュ」の発音になることが多いです。 （例：**Spaß** シュパース＝楽しみ、 **Stunde** シュトゥンデ＝時間）
V	英語の **[f]** の発音になります。 （例：**Volkswagen** フォルクスヴァーゲン）
W	英語の **[v]** の発音になります。 （例：**wunderbar** ヴンダーバー＝素晴らしい）
Z	英語の **[ts]** の発音になります。 （例：**Zeit** ツァイト＝時間）

3. 名詞は大文字で始める、女性・男性・中性名詞がある

ドイツ語では人や物の名前＝名詞は大文字で始まるので、文中でも名詞は
すぐに見分けられます。

名詞はそれぞれ女性（feminin フェミニーン）、男性（maskulin マスク
リーン）、中性（neutral ノイトラール）名詞に分けられ、それぞれにつく
冠詞が違います。冠詞と一緒に単語を覚えると名詞の性も覚えやすくなると
思います。本書では女性名詞は (f)、男性名詞は (m)、中性名詞は (n)
で表しています。（例：die Katze (f) ディー　カッツェ（猫）、der Hund (m)
デア　フント（犬）、das Kind (n) ダス　キント（子供）

ドイツ語は2つ以上の単語をつなげて一つの単語にすることがよくあります。
その場合、名詞の性は最後にきた単語の性になります。（例：Adressbuch
アドレスブーフ＝アドレス帳　Adresse（住所）は女性名詞ですが、Buch
（本）が中性名詞なのでこの単語は中性名詞となります。）

4. 冠詞

冠詞には定冠詞と不定冠詞があります。

英語の定冠詞「the」、不定冠詞「a, an」と使い方は似ていますが、全く同じというわけではありません。その辺は使い慣れれば身についていきますが、初めはある特定のものに対しては定冠詞、不特定のものに対しては不定冠詞をつけておけばいいでしょう。

性	数	定冠詞	不定冠詞
男性		**der**	**ein**
女性	単数	**die**	**eine**
中性		**das**	**ein**
男・女・中	複数	**die**	なし

Notiz

Kapitel 1

第1章　カタコト＊ドイツ語　基本編

〜ドイツと仲良くなるための大きな一歩〜

ドイツを旅行すると、いろいろなところで挨拶が交わされているのに気がつくと思います。パン屋さんなどのお店はもちろん、スーパーのレジの店員さん、観光案内所や空港、銀行、郵便局などの窓口の人などもお客様にはまず、

> Guten Tag!
> グーテン　ターク
> こんにちは。

電車のコンパートメントでも、ドアを開けて中に他の人が座っていたら「Guten Tag!」と挨拶します。初めてドイツへ行った時、この場面に遭遇した時は、「日本では考えられないな。」とびっくりしましたが、同時に「いい習慣だな。」と感心しました。

限られた空間であるコンパートメントに一緒に座るのですから、挨拶で始めればお互い気持よく座っていられるというものです。

そのうち、人によっては自分が食べているお菓子を「どうぞ。」なんて勧めてくれたり、「ドイツを旅行中なんですか?」などと話しかけてくれたりして、ちょっとした会話ができたりして楽しいですよ。

病院の待合室に入る時も挨拶する人が多いです。これもドイツでは何気ない習慣ですが、「いいなあ。」と思いました。

人と顔を合わせて何も言わないのはかなり失礼だと思われますので、恥ずかしがらずに、できれば自分から挨拶してみましょう。初対面でもこうしてまず一言「こんにちは。」と挨拶を交わすだけで気持ちがいいし、その後のコミュニケーションがスムーズに進みます。

そして挨拶する時ははっきりと声に出すよう、心がけましょう。せっかく挨拶しても声が小さかったり、もぞもぞと言ったのでは、相手に伝わらないばかりか、かえってネガティブな印象を与えてしまうかもしれません。

とにかく、「挨拶は元気に」です!

ちなみに、Guten Tag は「よい（gut）一日（Tag）」という意味です。

南部なら、

Grüß Gott!
グリュース　ゴット

というのが普通です。ドイツ南部へ行ったら言葉もいわゆる標準ドイツ語とは違うのに気付くでしょう。挨拶の言葉も違います。

ここでは Guten Tag より Grüß Gott と言った方が断然好感が持たれますよ。Grüß は挨拶、Gott は神様を意味します。南へ行かれる方はぜひ覚えて行って下さいね。

朝なら、

| Guten Morgen!
| グーテン　モルゲン

夕方なら、

| Guten Abend!
| グーテン　アーベント

になります。

朝といっても午前中をずっと朝と考え、お昼まではグーテンモルゲンで挨拶する人もいます。

ドイツに数日滞在すると、挨拶は日常の社会生活の基本なのだなと実感するでしょう。気持ちのいい挨拶で、ぜひドイツの人と仲良くなってくださいね。

Notiz

ちょっとドイツ語が分かる人なら誰でも知っている danke ダンケ。「ありがとう」の意味です。短くて覚えやすいし、感謝の言葉はいくら口にしても悪くないものですから、ぜひこの言葉は覚えて使いましょう!

danke は、英語の Thanks! のような「気軽なありがとう」のニュアンスがあります。お店で何かを買って受け取る時、前の人が自分のためにドアを押さえてくれた時、女性なら男性がレディファーストしてくれた時など、日常のあちこちで danke を使うシーンがあります。

もっと丁寧に感謝の気持ちを示したい時は、danke の前後に言葉を加えます。例えば、

Danke schön.
ダンケ　シェーン

Vielen Dank.
フィーレン　ダンク
（この場合ダンケではなくダンクになります。また、Danke schön も Vielen Dank も、アクセントはダンケ／ダンクにつけましょう。）

がそうです。

丁寧に道を教えてくれた人などに対して、自然にこれらのフレーズが出てくれれば、感謝の気持ちがうまく伝わりますよ。

Danke! と言ったら必ず相手のドイツ人は Bitte! ビッテと返してくれるでしょう。「どういたしまして」という意味です。この bitte も、とてもよく使うフレーズですので、ダンケとペアで覚えて使いましょう!

また、bitte には「どうぞ」の意味もあります。相手に何かを渡す時、席を譲る時などに言います。例えばレストランでウェイター／ウェイトレスさんがお料理を運んで来た時に、Bitte schön! ビッテ　シェーンと言うのを耳にするでしょう。

もしドイツの人に「何か貸してくれ」と頼まれて貸してあげる際には、bitte と言いながら渡してあげるといいですよ。

bitte の 3 つ目の意味は、「お願い」です。英語の please にあたります。人に何か頼む時、丁寧な言い方には必ずこの bitte がつきます。

簡単な例でいうと、例えばカフェ（Café）でコーヒー（Kaffee）を頼むとします。ウェイトレスさんが「ミルク（Milch）と砂糖（Zucker）をおつけしますか?」と聞いてきたら、「はい、お願いします」の意味で「Ja, bitte! ヤービッテ」と言えば OK です。もしミルクだけなら「Mit Milch, bitte. ミットミルヒ　ビッテ」と言えば大丈夫です。

難しい言葉は使えなくても、何か困っている時に「ビッテ!」と言いながらジェスチャーなどで意思表示すれば、「困っているんだな」と察して助けてもらえることもあります。ぜひこの bitte も覚えておきましょう!

また会いましょうは Auf Wiedersehen、気軽に Tschüss
~さようなら、またね~

ホテルやレストランを去る時、買い物したお店を出る時、病院で診察の後お医者さんに挨拶する時、電車のコンパートメントを出る時など、ドイツ人は

> Auf Wiedersehen.
> アォフ　ヴィーダーゼーン
> さようなら。

を使います。

「再び」を表す wieder、「会う」という意味の sehen で「再会」、つまり「また会いましょう」という意味の挨拶になります。Auf Wiedersehen は丁寧な「さようなら」になり、最初の auf を省略して Wiedersehen とだけ言う場合も多いです。

Auf Wiedersehen よりカジュアルな挨拶の言葉もあります。主に標準ドイツ語を話す中部から北部ドイツで使われていて、現在は南部でも認識され始めている、

> Tschüss（Tschüs とも）
> チュス（チュース）

という言葉がそれです。

それほど丁寧な「さようなら」を必要としない場、家族や友人の間や、なじみのお店などでの挨拶に使われます。「じゃあね」といったニュアンスです。

しかしこの Tschüss も地方によっては日常的に使われていないところもあります。特にドイツ南部やオーストリア、スイスのドイツ語圏ではあまり使われておらず、その地方の挨拶がもちろん主流なので、それらの地方へ行く時は、地元の人がどういう挨拶をしているか注目してみるといいでしょう。

Ade アデー、Servus セァヴス、Grüß Gott グリュース　ゴットなどがありますが、初めて訪れる地方で不慣れな場合は、Auf Widersehen（Wiederschauen）を使っておけば問題ありません。

最近ではイタリア語の「チャオ」を
気軽な挨拶として使う人もいます。

「こんにちは」と同様、「さようなら」
も大切な挨拶ですから、笑顔で忘
れずに挨拶しましょう！

すみませんは
Entschuldigung
~このひと言が社会生活の基本~

欧米では公共の場での最低限のマナーとして、あやまることも大切です。知らない者同士であれば、何も言わずに済ませることがある日本ですが、欧米ではルール違反です。

歩いていてちょっと肩があたったくらいでも「失礼!」と一言あやまるのが普通です。何も言わなくても、「わざとじゃなかったことくらい分かってもらえるよね」と日本人の私達は思うかもしれませんが、欧米ではきちんと意思表示したほうがいいです。

「失礼」、「すみません」とあやまる時の言い方は、

Entschuldigung
エントシュルディグング

です。

アクセントは「シュ」に置きます。ドイツ人が言うのを聞いていると、最初の「エント」をほとんど省略して、「シュルディグング」としか言っていないように聞こえることも多いです。英語の excuse me にあたる言葉です。

この Entschuldigung は、ぶつかるなど相手に対してちょっと失礼なことをしてしまった時の謝罪として使う場合や、狭いところを通る時に「すみません、通してください。」と相手の注意を引いたり、何か尋ねたい時に「すみませんがいいですか？」という意味で使ったりします。

この単語も一見「長いな～」と感じられるかもしれませんが、アクセントとリズムを覚えれば簡単に発音できますよ。

きちんと丁寧に謝罪する場合は

Bitte entschuldigen Sie mich.
ビッテ　エントシュルディゲン　ズィー　ミヒ
大変失礼いたしました。／すみません。
（直訳は「どうぞお許しください。」です。）

英語で言うと Please excuse me. となります。

人によっては英語やフランス語で使われる pardon を使う人もいます。

Entschuldigung!
エントシュルディグング
すみません。

Pardon!
パードン
すみません。

Verzeihung!

フェアツァイウング

失敬!

Es tut mir (sehr) Leid.

エス　トゥット　ミア（ゼア）ライト

（本当に）ごめんなさい。

（これは、よほど自分が悪い時以外使わない方がよいでしょう。）

Kolumne 握手はしっかり握るのがドイツ流

欧米の人達はよく握手をします。元々は武器を持っていないことを示し、互いの好意を表す習慣だったそうです。握手は「手を握る」と書きますが、ドイツ人と握手すると文字通り手を握ることを実感します。

日本人の場合、初対面の人と握手する時、少々遠慮がちに、手を握るというよりは手を合わせるくらいの力加減ではないでしょうか。ところがドイツ人はしっかりと相手の手を握ってきます。これは自信やしっかりとした意志を表すものと言われています。弱々しく握るのは少し失礼とみなされる場合もあるようですので、ドイツ人と握手する時は意識して相手の手を握り返すようにしましょう。そして握手の時は、手ではなく相手の顔を見ましょう。

ドイツ語で握手は Händeschütteln ヘンデシュッテルン。Hände は「手（複数）」、schütteln は「振る」を意味します。大きくて力のありそうなドイツ人のおじさんなどは思いっきり握手してくるので、「こちらの手が潰れる!」と思うくらい痛かったこともありました。そんなことがないように、相手が特に大きな男性などの場合は、最初から力を込めて握手するのがコツです。

ほかにも日本と違っているところは、お医者さんが握手してくることです。私がドイツに留学していた時も、通っていた歯医者さんが握手をしてきて驚いたことがあります。お医者さんからすれば患者に対して信頼を表明することになり、患者の側からも、自分を診てくれるお医者さんと握手することで安心感が持てたりするようです。ただ、私の歯医者さんは容赦なしに歯をどんどん削るので、毎回怖い思いをしましたが。

挨拶と握手、この組合せでドイツ人と仲良くなりましょう。

Notiz

....

Kapitel 2

第2章　カタコト＊ドイツ語　実践編

〜旅行中・この時・ここで・こういう場合〜

空港で、空港から街へ
～さあドイツに到着！～

ドイツに到着です！体の大きなドイツ人に負けないように元気に堂々と行きましょう！

空港を表す言葉は、Flughafen フルークハーフェン（Flug ＝ 飛ぶ、Hafen ＝港）と言います。現在日本からベルリンへ行くには必ずどこかを経由しますが、ドイツ国内ではフランクフルトかミュンヘンになります。

＊ベルリンの空港

ベルリンには現在 Flughafen Schönefeld フルークハーフェン　シェーネフェルト と Flughafen Berlin-Tegel フルークハーフェン　ベルリン－テーゲル の 2 つの空港があります。

この 2 つの空港は統合され、2014 年以降 Flughafen Berlin-Brandenburg „Willy Brandt" フルークハーフェン　ベルリン－ブランデンブルク " ヴィリー・ブランド " 国際空港へと生まれ変わる予定です。それまではどちらの空港に着くのか、前もって確認しておきましょう。

ちなみに副名称となった Willy Brandt は、第4代西ドイツの首相です。入国・出国ゲートはそれぞれ Ankunft アンクンフト、Abflug アプフルークと言います。間違って出国ゲートの方へ行ってしまわないように気をつけましょう。

ベルリンへの経由便に乗る前に、まずは入国審査から。

＊入国審査（Passkontrolle）

Alle Pässe
All Passports

全てのパスポート
OK の印

EU-Bürger エーウー・ビュルガーと Nicht-EU-Bürger ニヒト・エーウー・ビュルガーの2種類があります。日本人は EU 圏の国民ではないので Nicht-EU-Bürger（Non-EU Citizen）の方へ行きましょう。混雑している時は EU 市民用の窓口へ通されることもありますので、係員の誘導に従いましょう。

1人1人税関員の窓口へ進みます。

Ihr Pass, bitte.
イーア　パス　ビッテ
パスポートを見せてください。

と言われるので、ここで余裕があれば窓口でパスポートを出しながらさっさく「Guten Tag!」と言ってみましょう。一見無表情な係員でも挨拶くらいは返してくれるはず。パスポートを返してもらったら、「Danke, tschüss ダンケ　チュース」と挨拶し、次へ進みましょう。

＊スーツケース引き取り（Gepäckausgabe）

自分のフライト番号が書いてあるベルトコンベアでスーツケースを引き取るところはもちろん世界共通。万が一自分の荷物が出て来なかったら付近のデスクへ言って状況を確認しましょう。

スーツケースも無事受け取ったら Ausgang（出口）から出てホテルへ向かいましょう。

＊タクシーを利用する場合

ドイツの空港から市内まで、タクシーで 15 〜 20 分もあればたいていは着きます。疲れている時、電車の乗り方がわからない時などはタクシーに乗ってもいいでしょう。

その場合注意したいのは、チップです。ドイツでは料金を提示されたら、そこにチップを含めた代金を支払います。お釣りが面倒にならないよう、切りのいい数字にするとお互い便利です。例えばタクシー代が 18 ユーロだったら、20 ユーロ出してそれで OK とする、といった具合です。

ドイツではトランクへの荷物の出し入れを、タクシーの運転手さんがすべてやってくれますからお任せしましょう。

タクシーの領収書が必要だったら、

Quittung, bitte.
クヴィットゥング　ビッテ

タクシーの領収書

と言いましょう。チップ代を含めた代金で領収書を出してくれます。日本のように機械でレシートが出てきたりはしないので手書きで書いてもらうことになります。クレジットカードを使えるタクシーはまだ少ないので、現金を用意しておいた方が無難です。

行き先があまり大きなホテルでない場合、ホテルの名前だけ伝えても運転手さんがわからないこともありますから、ホテルの住所や電話番号などは必ず控えておきましょう。

＊バス・電車を利用する場合

たいていの空港からはバスや電車が出ています。ベルリン・シェーネフェルト（Flughafen Berlin-Schönefeld）空港の場合、Airport-Express が出ています。ベルリン中央駅まで行くならこれが一番早くて便利でしょう。行き先によっては S-Bahn（市内近郊鉄道）や U-Bahn（地下鉄）に乗りましょう。ベルリン市外へ行くには Regional-Bahn（RB）がいいでしょう。ベルリン・テーゲル（Flughafen Berlin-Tegel）空港の場合、バスが便利です。

それぞれのマーク

席に座りたい時、隣に誰かが座っていたら、こう聞いてみましょう。

Ist hier frei?
イスト　ヒア　フライ
ここ空いていますか？

Ja.
ヤー

と言われたら空いていますし、もし誰かが座っているなら

Nein, (hier ist schon) besetzt.
ナイン（ヒア　イスト　ショーン）ベゼッツト
いえ、ここはもう座っています。

と返ってくるでしょう。

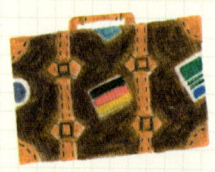

Notiz

....

飛行機の便名：

Flugnummer

出発時間：

Abflugszeit

到着時間：

Ankunftszeit

ホテルの名前・住所：

Name und Adresse des Hotels

Tel：

ホテルへの行き方：

Anfahrt

ホテルで
～旅の住処で快適に過ごしましょう～

＊まずはチェックイン

無事ホテルに着いたらチェックイン（Einchecken アインチェッケン）です。レセプション（Rezeption (f) レツェプツィォーン）へ向かいましょう。

やはりここでもまず挨拶が大事です。日中ならもちろん「Guten Tag!」ですが、夕方以降に到着した場合は

> Guten Abend!
> グーテン　アーベント

です。

チェックインに際しては、たいていお客様カードに名前や住所などを記入した後、鍵を受け取ります。エレベーターは Aufzug アオフツーク (m) といいます。ドイツではドアを閉めるボタンが付いていないことが多いので、自分が行きたい階を押したら自動で閉まるのを待ちます。階を押す時に気を付けたいのは、日本と階の数え方が違うことです。

日本でいう「1 階」は、地上階という意味の Erdgeschoss エアトゲショス (m) といい、エレベーター内では「EG」と書かれていることが多いです。

その上から１階、２階となっていくので、日本の階数と合わせるには１を足せばいいわけです。表示では 1.OG、2.OG（OG は Obergeschoss オーバーゲショス（＝上階）の略）などとなります。ちなみに地下は Untergeschoss ウンターゲショスの略で「UG」と書かれています。

＊ホテルから外へ出る時には

鍵は持って行っても構いませんが、なくすのが不安な場合はフロントへ預けてから出ましょう。帰ってきた時、自分の部屋番号を言えば鍵を出してくれます。ドイツ語の数字はちょっと難しいのですが、トライしてみたい方は

Zimmer (nummer) ○○○ , bitte.
ツィマー（ヌマー）○○○　ビッテ
○○○号室お願いします。

と言ってみましょう。

ホテル室内の表示

＊ホテルでもエコなドイツ

ホテルのバスルームで「Umwelt ウムヴェルト (f) 環境」がどうのと書かれた表示を見ることがあります。これは「節電・節水にご協力お願いします」という意味で、「取り替える必要があるタオルは床に置いてください（そうすれば床に置いてあるものだけ取り替えてくれます）、引き続き使うもの、未使用のものはタオルかけにかけておいてください」ということを表しています。毎日タオルを取り替えなくても大丈夫、という場合はぜひ協力しましょう。

✳ホテルの目覚まし

最近は自分の携帯などで目覚まし（Wecker (m) ヴェッカー）を設定する人も多いようですが、ホテルではベッドサイドに目覚ましがついていることが多いので、それを使ったり、あるいは目覚ましコールを頼むこともできます。レセプションへ電話するか、直接レセプションへ行って頼みましょう。言葉に自信がなければこんなメモを持って行くといいでしょう。

Bitte um 7 Uhr aufwecken!
Danke! : 7 時に起こしてください
Zi.（Zimmer の略）：部屋
100 : 100 号室

ドイツ語でトライしたい方は、こんな風に言ってみましょう。

Können Sie mich bitte morgen um 7 Uhr wecken?
ケネン　ズィー　ミヒ　ビッテ　モーゲン　ウム　ズィーベン　ウーア
ヴェッケン
明日 7 時に起こしていただけますか？

✳部屋のおそうじが不要な時には

2 泊以上滞在する時、「部屋のおそうじは必要ないな」、あるいは「具合が悪くて寝ていたい」などと思ったら、ドアノブにかけてあるタグを部屋の外へ出しておきましょう。

「部屋に入らないで下さい。」と
いう意味の「Bitte nicht stören
ビッテ　ニヒト　シューテーレン」
と書いてある面を表にしておけば
大丈夫です。

＊ホテルでインターネット

ホテルによってインターネットの使用が有料・無料のところがあります。使い方もいろいろですが、よくあるのはホテルのレセプションでパスワードなどをもらってログインするパターン。ホテルチェーンの場合はチェーン共通のサイトからログインしたりします。小さいホテルなどは、ドイツテレコムやその町のインターネットサービスを使っているところもあります。そういう場合はブラウザーでインターネットに接続すると、ログイン画面が出てきます。支払いはクレジットカードになります。

Kann ich hier das Internet benutzen?
カン　イヒ　ヒア　ダス　インターネット　ベヌッツェン
ここではインターネットは使えますか？

Ist das Internet kostenlos?
イスト　ダス　インターネット　コステンロース
インターネットは無料ですか？

部屋の中に「kostenloser Internetzugang（W-LAN）」と書いてあったら、フリーでインターネットが使えるという意味です。

✳チップ

チップ（Trinkgeld (n) トリンクゲルト）はいくら、というおおよその目安はありますが、絶対いくらという決まりがあるわけではありません。部屋を出る際に枕元やサイドテーブルなどに気持ちばかりのチップを置いておきましょう。高級ホテルでない場合は 1 ～ 2 ユーロでもよいと思います。小銭が増えたからといって、じゃらじゃら細かい小銭ばかり置くのはみっともないので、やらないようにしましょう。

✳チェックアウト

快適なホテルの滞在も終わり、チェックアウト（Auschecken アウスチェッケン）です。

Auschecken, bitte.
アウスチェッケン　ビッテ
チェックアウトお願いします。

と言って鍵を出しましょう。

Bezahlen Sie (in) bar oder mit Kreditkarte?
ベツァーレン　ズィー（イン）バー　オーダー　ミット
クレディートカーテ
お支払いは現金、それともクレジットカードですか？

と聞かれると思いますので、

Ich bezahle bar (mit Kreditkarte)
イヒ　ベツァーレ　バー（ミット　クレディートカーテ）
現金（クレジットカード）で払います。

と答えましょう。

クレジットカードの場合は

Bitte unterschreiben Sie hier.
ビッテ　ウンターシュライベン　ズィー　ヒア
Ihre Unterschrift hier bitte.
イーレ　ウンターシュリフト　ヒア　ビッテ
サインをお願いします。

と紙を渡されますのでサインします。

Brauchen Sie eine Quittung?
ブラウヘン　ズィー　アイネ　クヴィットゥング
領収書が欲しいですか?

と聞かれる場合もあるので、必要なら

Ja, bitte.
ヤー　ビッテ

要らなければ

| Nein, danke.
| ナイン　ダンケ

と言いましょう。

ホテルからタクシーに乗る場合は、

| Können Sie bitte für mich ein Taxi rufen?
| ケネン　ズィー　ビッテ　フュア　ミヒ　アイン　タクシー　ルーフェン

と頼めば呼んでくれます。

最後に「Auf Wiedersehen!」と挨拶してホテルを去りましょう。

× × × × × × × × × ×

【ホテルの単語】
フロント Rezeption（f）レツェプツィオーン／エレベーター Aufzug（m）アオフツーク／階段 Treppe（f）トレッペ／鍵 Schlüssel（m）シュリュッセル／非常口 Notausgang（m）ノートアウスガング／部屋 Zimmer（n）ツィマー／水（温）heiß ハイス,（冷）kalt カルト／浴室 Badezimmer（n）バーデツィマー／シャワー Dusche（f）ドゥーシェ／トイレ Toilette（WC）（n）トアレッテ（ヴェーツェー）／浴槽 Badewanne（f）バーデヴァンネ／ベッド Bett（n）ベット／シーツ Laken（n）ラーケン／布団・枕カバー・シーツ 1 式 Bettwäsche（f）ベットヴェッシェ／毛布 Decke（f）デッケ／ドライヤー Föhn（m）フェーン, Haartrockner（m）ハートロックナー／インターネット Internet（n）インターネット

Notiz

....

ベルリンの "個性的な" ホテル

旅行中、多くの時間を過ごすホテル。ホテルの印象で旅全体の印象も変わることがありますから、ホテルは過ごしやすいところを選びたいですね。ベルリンには、歴史に名を残す著名人が泊ったような高級ホテルから、バックパッカー向けのホステルなど、宿泊施設はたくさんあります。ここではベルリンならではの、ちょっと変わったユニークなホテルをご紹介します。

— 女性限定 —

Frauenhotel artemisia

Brandenburgische Str. 18, 10707 Berlin
http://www.frauenhotel-berlin.de/

女性2人が作った、ドイツで最初の
女性専用ホテル。

——— 刑務所を改装 ———

Das Andere Haus VIII

Erich-Müller-Str. 12, 10317 Berlin
http://www.dasanderehaus8.de/

旧東独時代は元刑務所の病院だった
ステキな内装のホテル。

女優が住んでいた部屋を改装し、
1920年代のアールヌーボー調に

Hotelpension Funk

Fasanenstraße 69, 10719 Berlin
http://www.hotel-pensionfunk.de

サイレント映画女優の住宅を改造した
1920年代の雰囲気のホテル。

Notiz

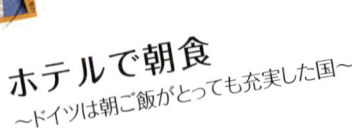

ホテルで朝食
～ドイツは朝ご飯がとっても充実した国～

ドイツのホテルはたいていどこもきれいです。そして何といっても朝食がおいしいのが特徴です。私の周りにも「ドイツへ行く時はホテルの朝食が楽しみ」という人がかなりいますし、私自身ドイツでホテルに泊まる時はお腹をすかせて朝ご飯を食べに行きます。

朝食はドイツ語で Frühstück (n) フリューシュテュック（früh ＝早い、Stück ＝ひとかたまりのもの、かけらなど）と言います。もともとは朝に食べた一切れのパンを意味していたそうです。

ホテルで朝食の部屋がわからない時は、

Wo <u>ist (gibt's)</u> das Frühstück?
ヴォー　イスト（ギプツ）ダス
フリューシュテュック
朝食はどこですか？

と聞けば教えてもらえます。

朝食用の部屋（小さなホテルだと、ホテル内で経営しているレストランやカフェが朝食ビュッフェになっていることも多いです）に入ると部屋番号を聞かれることもあります。その場合はルームキーを見せましょう。

朝食はビュッフェスタイルが定番です。コーヒーはポットに入れて各テーブルに置いてある場合もありますが、ない場合はウェイトレスさんが

> **Möchten Sie Kaffee?**
> メヒテン　ズィー　カフェー
> コーヒーをお持ちしますか？

と聞いてくれます。コーヒーがよければ、「Ja, bitte.」と言いましょう。テーブルまで持ってきてくれます。

紅茶（schwarzer Tee シュヴァルツァーテー）やハーブティー（Kräutertee クロイターテー）は種類が多いため、ビュッフェで自分好みのティーバッグを選んで淹れるしくみになっています。

飲み物、パン、シリアル、ジャム、蜂蜜、チーズ、ハム、フルーツなど、種類が多くて迷ってしまうことが多いのがドイツの朝食（ホテルの規模によって内容や種類は変わります）。日本ではあまりたくさん食べられないハムやチーズなど、ここぞとばかりに取り過ぎて残してしまうことのないよう、気をつけましょう。

特に気を付けたいのがパン。籠などに入っていて一つ一つ取るタイプの小型パン（Kleingebäck (n) クラインゲベック）と、スライスして取るタイプの大型パン（Brot (n) ブロート）があります。

小型パンの籠にはトングがついていますから、その場合には必ずトングでパンを取ります。大型パンは、自分が食べたい分だけスライスしますが、パンを直に手で触ると他の宿泊客に迷惑なので、置いてあるクロスでパンを押さえてから切るようにしましょう。

＊ドイツ人の朝食は2回?

ドイツ人は朝が早いせいか、自宅で朝食を食べた後も 10 時ごろになると、軽いものを食べることがあり、これを Pausenbrot (n) パウゼンブロートといいます。「Pause (f) 休憩」の Brot（パン）という意味です。朝早いのは、たとえば学校も 8 時から始まりますし、病院も同様です。

パン屋さんなどは朝食用のパンを売るため、6 時半〜 7 時には開いています。そしてお昼は一般に 13 時です。となるとやはり午前中に一度休憩を入れたくなりますね。大人はコーヒーを飲みながらパンなどを、子供達はジュースを飲んだり、果物やサンドイッチ、お菓子などを食べてリフレッシュします。

Notiz

....

地下鉄・路面電車
~乗りこなせればあなたもドイツ通~

さあ、ホテルから出て目的地へ行きましょう!短い距離なら街並みを見ながら歩くのも楽しいし、少し離れたところならバスや路面電車、地下鉄が便利です。乗りこなせればあなたもちょっとドイツ通になれますよ。

バスはドイツ語で Bus (m) ブス。路面電車は Straßenbahn (f) シュトラーセンバーン。停留所は Haltestelle (f) ハルテシュテレ。路面電車が走っている路線では、バスも路面電車も同じ停留所だったりすることもあります。停留所の印は丸い黄色地に緑で H が書いてあるところ。時刻表と路線図がありますので、気になる場合はそこで確認しましょう。

さて、こうした交通機関の乗り方ですが、バスは乗車時に運転手さんから切符（Fahrkarte (f) ファールカルテ）を買います。行き先を告げると料金を言ってくれますから、お金を渡しましょう。

路面電車の場合は、

❶停留所にある券売機で買う
❷キオスクで買う
❸車内の券売機で買う

の３つの方法があります。

地下鉄も駅構内の券売機や窓口で買うか、車内の券売機で買います。
キオスクなどで買ったチケットは機械に通して消印を押さなくてはなりません。乗った日時の消印があるチケットのみ有効となりますので、忘れないようにしましょう。

ドイツは改札がありませんし、運転手さんや車掌さんにチケットを見せることもないのですが、無賃乗車しているのが見つかると罰金が科されますから、きちんと切符は買ってから乗車してくださいね。

とはいえ、初めてのドイツでいきなり券売機で切符を買うことは至難の業。行き先の停留所と乗る路線をあらかじめ調べておき、駅や停留所の交通網を見てみましょう。料金はゾーン別になっているのが普通です。

中央駅から近い地域が一番安く、だんだん高くなっていきます。ゾーンはアルファベットで区域分けされています。自分の行きたい所がどのゾーンかが分かれば買う切符の値段がわかります。近距離一日チケットなどもあるので、頻繁に移動する日などはそういったチケットを買うのが安くて便利です。

＊チケット売り場でチケットを買う場合や、 乗る路線を尋ねる場合

| Eine Fahrkarte bis zum Hauptbahnhof, bitte.
| アイネ　ファールカルテ　ビス　ツム　ハウプトバーンホーフ　ビッテ
| 中央駅まで一枚お願いします。

| Ich möchte zur Friedrichstraße. Welche Linie soll ich nehmen
| und was kostet es?
| イヒ　メヒテ　ツア　フリードリヒシュトラーセ　ヴェルヒェ　リニエ
| ゾル　イヒ　ネーメン　ウント　ヴァス　コステト　エス
| フリードリヒ通りまで行きたいのですが、何番線に乗ればいいですか？
| またいくらですか？

ドア脇のボタン

路面電車や地下鉄は乗り降りする時、自分でドアを開けるのがドイツ流です。ドアやその脇にボタンが付いており、押し忘れるとドアが開かず、乗り降りし損ねるので気を付けて！

ベルリン市内の交通情報はこちらが便利です。

■ベルリン交通（英語版）

Berliner Verkehrsbetriebe

http://www.bvg.de/index.php/en/index.html

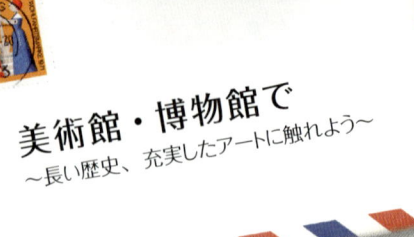

美術館・博物館で
〜長い歴史、充実したアートに触れよう〜

ベルリンにも世界の大都市同様、立派な美術館・博物館がいろいろあります。その時の特別展などもチェックして、種類やテーマの異なったところに行ってみると楽しいですよ。

ヨーロッパでは、長い時間をかけて作られた建造物を、大切に保存したり、戦後修復したりして、博物館・美術館として現在も使っていることが多いです。建物自体が歴史・アートそのものだったりするのは、ヨーロッパならでは。ぜひそういった歴史的・文化的建造物にも触れて、歴史を感じてみましょう。ドイツ、そしてベルリンならではという美術館・博物館がいろいろありますから、そこでしか見られないものを、ぜひ見に行ってみてください。

美術館・博物館ともにドイツ語では Museum ムゼーウム (n) といいますが、区別するのに美術館を Kunstmuseum クンストムゼーウム（Kunst (f) 美術・芸術）ということもあります。

＊美術館・博物館へ入ってみよう！

まずチケット（Eintrittskarte (f) アイントリッツカルテ）を買いますが、たいてい大人（Erwachsene エアヴァクセネ）・学生（Studenten シュトゥデンテン）・子供（Kinder und Jugendliche キンダー　ウント　ユーゲ

ントリヒェ）に分けられています。学生の方は学生証を提示しましょう。それ以外は大人料金で買います。

Ein Erwachsener（女性なら Eine Erwachsene), bitte.
アイン　エアヴァクセナー（アイネ　エアヴァクセネ）ビッテ
大人 1 人お願いします。

自分が男性か女性かで使い分けましょう。

Zwei Erwachsene und ein Kind, bitte.
ツヴァイ　エアヴァクセネ　ウント　アイン　キント　ビッテ
大人 2 人と子供 1 人お願いします。

などと言いましょう。

一日券は Tageskarte (f) ターゲスカルテと言います。

Eine Tageskarte (Zwei Tageskarten), bitte.
アイネ　ターゲスカルテ（ツヴァイ　ターゲスカルテン）ビッテ
一日券を 1 枚（2 枚）ください。

3 日間自由に美術館・博物館を回れる「Museumspass Berlin 3-Day-Ticket」というのもあります。

チケットを買ったらさあ入場。入口は Eingang（m）アインガングです（出口は Ausgang (m) アウスガング）。館内では写真撮影は基本的に禁止なので気をつけましょうね。

＊ベルリンの美術館・博物館

首都ベルリンだけあって美術館・博物館もかなりあります。おススメをいくつかご紹介します。

● Museumsinsel ムゼーウムスインゼル（博物館島）

Insel (f) は島という意味です。Spree シュプレー川の中州にある美術館・博物館が集まった一角なのでこう呼ばれています。1999 年にユネスコ文化遺産にも登録されました。2015 年に向けて新しいプロジェクトも進められているこの島には、以下の博物館・美術館が建っています。

① Altes Museum アルテス　ムゼーウム （旧博物館）
建物が古典主義の重要建造物となっており、展示物も古代の美術品が数多く収容されています。

② Neues Museum ノイエス　ムゼーウム （新博物館）
有名なネフェルティティの像があるのがここです。

ノイエス　ムゼーウム

③ Pergamonmuseum
（ペルガモン博物館）
一番の見どころは Pergamonaltar
（ペルガモンの大祭壇）。この彫
刻群はヘレニズム文化の傑作と言
われています。

④ Alte Nationalgalerie アルテ　ナツィオナールガレリー（旧国立美術館）
19世紀の絵画、彫刻を展示しています。

⑤ Bode-Museum（ボーデ博物館）
ビザンチン美術を展示しています。

● Gemäldegalerie ゲメルデガレリー／ Kulturforum クルトゥアフォー
ルム（絵画ギャラリー／カルチャーフォーラム）
中世ヨーロッパの著名な画家の作品が見どころです。

● Mauer-Museum am Checkpoint Charlie
（チェックポイント・チャーリー壁博物館）
チェックポイントチャーリー（Checkpoint
Charlie）は、最も有名な東西ベルリンの
国境検問所があったところです。ベルリン
の壁や東ベルリンの歴史が分かります。

● DDR Museum
（DDR（ドイツ民主共和国）博物館）

「触れられる歴史」をモットーとする、ベルリンで最も人気のある博物館の一つです。旧東ドイツ当時の住宅内部が再現されていたり、その時代に使われた様々な日用品、旧東ドイツの自動車トラバントなどの展示があったり、旧東ドイツの国家保安省シュタージについても学ぶことができます。当時の生活をできるだけ忠実に再現していて興味深い博物館ですよ。

● Gedenkstätte Berliner Mauer（ベルリンの壁記念館）
東西ベルリンの国境があったベルナウアー通りを中心に、記念館、資料センター、訪問者センターなどから成る、2013年現在も拡張作業が行われている施設です。壁があった時代のベルリンの様子を知ることができます。

● East Side Gallery（イーストサイドギャラリー）
ベルリンの壁が一番長く残された部分（全長1316メートル）に、21カ国118人のアーティストが描いた絵が見られる、世界一長いオープンエアーギャラリーです。天気のいい日には、それぞれのアートに刺激を受けながら散歩がてら歩いてみてはいかがでしょう。

Mühlenstraße 1

10243 Berlin Friedrichshain

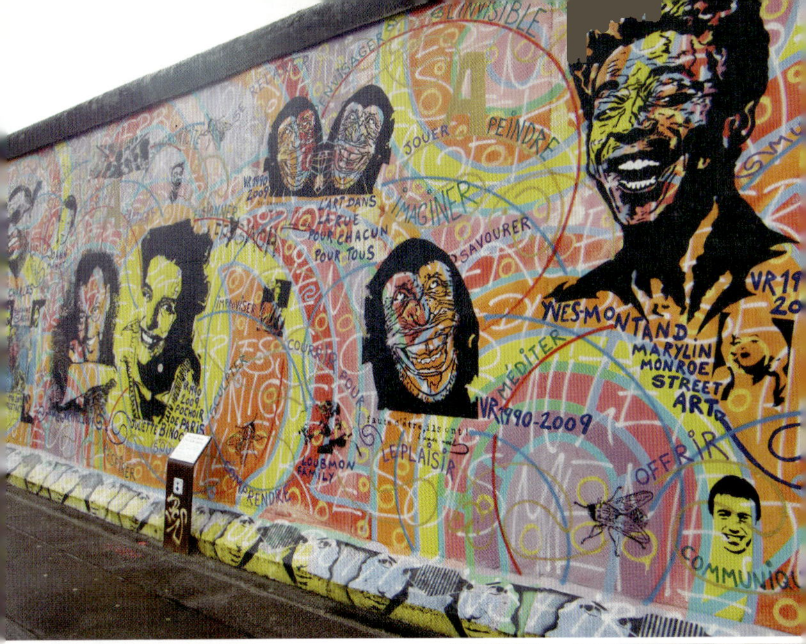
INVISIBLE
JOUER
PEINDRE
L'ART DANS LA RUE POUR CHACUN POUR TOUS
IMAGINER
SAVOURER
YVES-MONTAND
MARYLIN MONROE
STREET ART
MÉDITER
VR1990-2009
LE PLAISIR
OFFRIR
COMPRENDRE

TOKYO
BERLIN

WER WILL DASS DIE WELT SO BLEIBT WIE SIE IST DER WILL NICHT DASS SIE BLEIBT
ERICH FRIED

VIELE KLEINE LEUTE DIE IN VIELEN KLEINEN ORTEN VIELE KLEINE DINGE TUN, KÖNNEN DAS GESICHT DER WELT VERÄNDERN
MANY SMALL PEOPLE WHO IN MANY SMALL PLACES DO MANY SMALL THINGS THAT CAN ALTER THE FACE OF THE WORLD

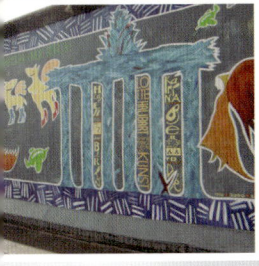

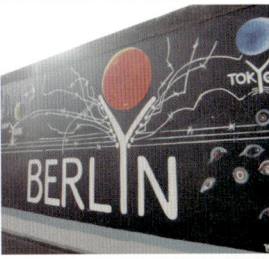

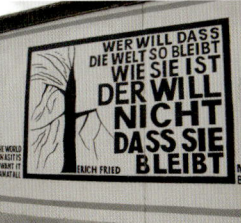

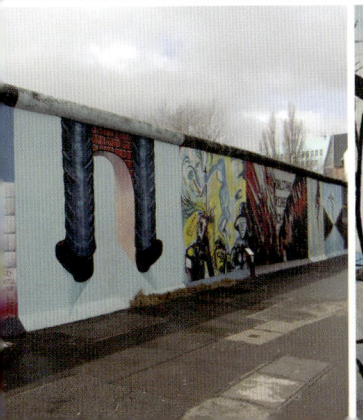

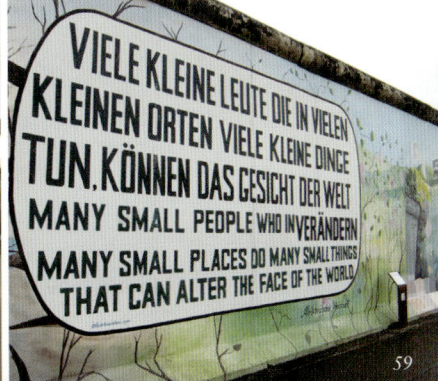

● Denkmal für die ermordeten Juden Europas
（虐殺されたヨーロッパのユダヤ人のための記念碑と情報センター）
2,700 もの石碑（Stele シュテーレ）が立ち並び、その地下に迫害された
ユダヤ人の記録などが展示されています。

博物館以外にお城もあります。

● Schloss Charlottenburg （シャルロッテンブルク城）
バロック様式の宮殿で、立派な庭園や陶器のコレクションなども見どころで
す。

× × × × × × × × × ×

【美術館・博物館の単語】
博物館 Museum ムゼーウム／美術館 (Kunst) museum (n) （クンスト）ムゼーウム ,
Galerie (f) ガレリー／絵画 Gemälde (n) ゲメルデ／絵画芸術 Malerei (f) マーレ
ライ／彫刻 Skulptur (f) スクルプトゥーア／彫像 Statue (f) シュタートゥエ／入場無料
Eintritt frei アイントリット　フライ／日本語音声ガイド Audioguide auf Japanisch （m）
アウディオガイド　アオフ　ヤパーニッシュ／パンフレット Broschüre (f) ブロシューレ／入場
券 Eintrittskarte (f) アイントリッツカルテ／案内所 Information (f) インフォルマツィオーン ,
Auskunft (f) アウスクンフト／案内図 Plan （m） プラーン

Notiz

行ってみたい美術館、博物館など：

名前	住所	最寄駅	開館時間

教会・修道院で
～町の中心地・シンボル的存在～

日本ではどこの町にもお寺や神社があるように、ドイツの町や村には教会や修道院があります。町の造りから、たいてい町の中心地にメインの教会があることが多く、大きな都市では大きな教会がいくつも立っていて、市内を巡る時の目印にもなります。

教会はドイツ語で Kirche (f) キルヒェ。カトリック教会なら katholische Kirche カトーリシェ　キルヒェ、プロテスタントなら evangelische Kirche エヴァンゲーリシェ　キルヒェになります。

ベルリン大聖堂

カトリック教会は、三角屋根や高いアーチ型の天井などが特徴のロマネスク様式、尖った尖塔のついたゴシック様式や、内装が絢爛豪華なバロック様式などがあり、プロテスタントは現代的なものやシンプルな建物が多いです。少し知っておくと面白いですよ。

Kirche は教会を指す一般的な言葉で、その種類や役割によって Kathedrale (f) カテドラーレ、Dom (m) ドーム（大聖堂）などと呼ばれたりします。礼拝堂は Kapelle (f) カペレといいます。

教会はたいてい中に入れるようになっていますが、お祈りをしている人もいるため、鑑賞は静かにしましょう。中央の祭壇などにロープが張られて kein Zutritt カイン　ツートリットや Zutritt verboten ツートリット　フェアボーテンと書かれていたら、そこから先は立ち入り禁止です。

キリスト教徒の方が教会に入っていく時、胸の前で十字を切ったり、聖水を額につけたりする姿を見るかもしれませんが、入る人が全員、そうしなくてはならないわけではありませんのでご安心を。

お祈りをしている人の邪魔にならず、礼拝の時間以外なら、ベンチに腰掛けて休んでも構いません。歩き疲れた時、少し静かな時間が欲しい時など、高い天井やステンドグラス（Glasmalerei (f) グラースマーレライ）などを眺めながら、しばし時間を過ごすのも悪くないと思います。暑い夏など涼しくて、静謐な空間に身をゆだねると、疲れも取れていく感じがします。

私も旅行中、教会の中で休憩しながらその後の予定を確認したりしていました。もちろん中での飲食は禁止なので気をつけましょう。写真撮影が禁止されている教会もありますので、こちらも要注意です。

教会によっては、塔（Turm (m) トゥルム）に登ることができたり、宝物殿（Schatzkammer (f) シャッツカマー）があったりしますので、合わせて見学してみてはどうでしょう。

Aufgang zum Turm アオフガング　ツム　トゥルム（塔への入り口）

| Kann man auf den Turm steigen?
| カン　マン　アオフ　デン　トゥルム　シュタイゲン
| 塔には登れますか?

塔の上にはたいてい鐘（Glocke (f) グロッケ）があります。ちょうど鐘が鳴るころに塔に上ると、鐘の音にびっくりすることもあります。

| Kann man die Schatzkammer besichtigen?
| カン　マン　ディー　シャッツカマー　ベジヒティゲン
| 宝物殿には入れますか?

教会ではパイプオルガンのコンサート（Orgelkonzert (n) オーゲルコンツェルト）などが開催されていることもあるので、興味のある方はぜひ足を運んでみましょう。無料で聴けるコンサートもかなりありますよ。

× × ✗ × × × × ✗ × ✗

【教会の単語】
教会（一般的ないい方）Kirche (f) キルヒェ／大聖堂 Dom (m) ドーム , Kathedrale (f) カテドラーレ , Münster (n) ミュンスター／礼拝堂 Kapelle (f) カペレ／塔 Turm (m) トゥルム／鐘 Glocke (f) グロッケ／司祭 Priester (m) プリースター／牧師 Pfarrer (m) プファーラー／シスター Schwester (f) シュヴェスター／ステンドグラス Glasmalerei (f) グラースマーレライ／パイプオルガン Orgel (f) オーゲル／礼拝 Gottesdienst (m) ゴッテスディーンスト／ミサ Messe (f) メッセ／宝物殿 Schatzkammer (f) シャッツカマー／修道院 Kloster (n) クロースター／修道士 Mönch (m) メンヒ／十字架 Kreuz (n) クロイツ／キリスト教 Christentum (n) クリステントゥーム

Notiz

....

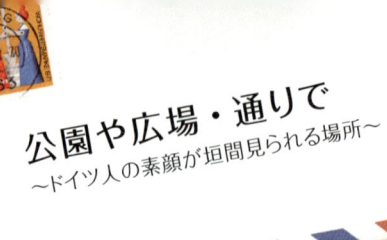

公園や広場・通りで
~ドイツ人の素顔が垣間見られる場所~

ドイツ人は歩くのが好きな人達、というのが私のドイツ人に対する印象です。ハイキングや山歩きはもちろん、週末になると、ウィンドウショッピング（Schaufensterbummel (m) シャウフェンスターブンメル）や散歩（Spaziergang (m) シュパツィーアガング）をしている人がたくさんいます。

最初の頃はお店も開いていないのに、町を歩くドイツ人達を見て不思議に思いましたが、公園でもジョギングや、犬を連れて散歩している人達、芝生で寝転んだり遊んだり、スポーツに興じている人達を多く見かけます。

短い旅行の間、街のあちこちで、こうした何気ないドイツ人の素の姿を垣間見るのも一つの楽しみではないでしょうか。よくよく気を付けて見ていると、ドイツ人の公共マナーなども知ることができて興味深いでしょう。

中心街のお店が立ち並ぶ通りは歩行者専用（Fußgängerzone (f) フースゲンガーツォーネ）になっているところもあります。

カフェやレストランは通りに面してテラス席を置いていて、日本人には寒いと感じられる日でも、天気がよければドイツ人はよくテラス席を利用します。あるいは何か食べながら歩く人も多いです。市場で買った果物をすぐに食べながら歩き出す人もいて、びっくりしたこともあります。

小腹が空いてきたらドイツ人の真似をして、菓子パンなどを食べながらぶらぶらと町歩きを楽しんでみましょう。

＊ベルリンの公園・庭園・有名な通り

● Botanischer Garten
ボターニシャー　ガルテン
100 年以上の歴史を持ち、世界で最も多くの種類が見られる、世界 3 大植物園の 1 つに数えられています。

● Schlosspark Charlottenburg
シャルロッテンブルク宮殿公園
プロイセン王フリードリヒ1世が
1699年に妃ゾフィー・シャルロッ
テのために建設しました。世界遺
産に登録されています。宮殿を見
学したら庭園も行ってみましょう。
バロック様式のりっぱな庭園です。

● Tiergarten
ティーアガルテン

森の中の
ビアガーデンは
最高！

ベルリンの真ん中、ブランデンブ
ルク門にも近く、長さ3キロにも
わたる広大な公園です。
Siegessäule ジーゲスゾイレ（戦
勝記念塔）が中央に立っています。

Tiergarten ティーアガルテンは動物（Tier）の庭（Garten）、つまり動
物園を意味しますが、ベルリンのこの辺りの地区名にもなっています。実
際の動物園（Berliner Zoo）はこの公園の付近にあります。

● Gärten der Welt in Marzahn

ゲアテン　デア　ヴェルト　イン　マールツァーン

「世界の庭」という意味の公園です。ヨーロッパ最大規模の中国庭園など
見どころ多数です。

● Mauerpark

マウアーパーク

元々ベルリンの壁（Berliner Mauer）があった跡地に作られた公園です。
散歩をしたり、バーベキューをする人の姿が見えるほか、フリーマーケット
など、いろいろなイベントも開催されています。

● Olympiapark Berlin

オリュンピアパーク　ベルリーン

1916 年にオリンピックが開催された公園で、敷地内では現在もスポーツ
競技が開催されていますが、その他にも Waldbühne ヴァルトビューネ（森
のステージ）で行なわれる野外コンサートが特に有名です。

● Kurfürstendamm

クアフュルステンダム

通称 Ku'damm クーダムと呼
ばれる、ベルリンで最も有名
な通りです。1542 年からあり、
ショッピングを楽しんだり、カ
フェでお茶したり、いろいろと
楽しめます。パレードなどが
行なわれる通りでもあります。

あの人、
ステキじゃない♥

KaDeWe

クーダムが終るとそのまま Tauentzienstraße に繋がりますが、ここもベルリン市民に人気のエリア。人気ブランドのお店が立ち並び、ドイツ最大のデパート KaDeWe カーデーヴェー（Kaufhaus des Westens：西のデパートの意味）や有名な Café Kranzler カフェ　クランツラーがあります。

● Friedrichstraße
フリードリヒシュトラーセ

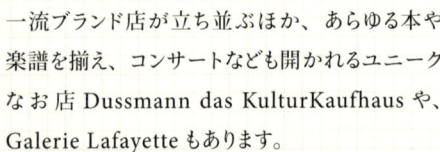

一流ブランド店が立ち並ぶほか、あらゆる本や楽譜を揃え、コンサートなども開かれるユニークなお店 Dussmann das KulturKaufhaus や、Galerie Lafayette もあります。

ベルリンのいろいろなスポットや地区を中心とした、歩いて回るガイドツアーもあります。短い時間で効率よく見て回りたい人におススメです。Sightseeing Point（www.sightseeing-point-berlin.de）など、インターネットサイトをチェックしてみましょう。

＊道に迷ったら

道が分からなくなってしまったら周りの人にこう尋ねてみましょう。

| Wie komme ich zu ○○○ ?
| ヴィー　コメ　イヒ　ツー　○○○
| ○○○へはどうやって行ったらいいですか？

また、今自分がいる場所が分からなくなってしまったら、地図を見せながら
こう聞きましょう。

| Entschuldigung, können Sie mir zeigen, wo ich bin?
| エントシュルディグング　ケネン　ズィー　ミア　ツァイゲン　ヴォー
| イヒ　ビン
| すみません、今どこにいるか教えてもらえますか？

zeigen は見せる、示すという意味です。地図を出せば地図上で指し示し
てください、という意味になります。

上のフレーズが長すぎて難しい場合は、地図を見せながら簡単に

| Entschuldigung, wo bin ich jetzt?
| エントシュルディグング　ヴォー　ビン　イヒ　イェット
| 私は今どこにいますか？

と言えば、迷っていると分かってもらえるでしょう。

＊ドイツ人は犬好き

ドイツ人は犬が大好きで、しつけもしっかりしています。電車やデパートにも犬が入ってくることがありますが、吠えたり暴れたりする犬はほとんど見かけません。犬のしつけが悪いことは、飼い主として恥ずかしいこととされているようです。

犬の種類も、日本ではあまり見かけないような大型犬を見ることがあります。私も一度ならず、狼かと思うほど大きな犬が通りの向こうから現れて、ぎょっとしたことがあります。

あなたが犬好きなら、道行く人に「立派な犬ですね」などと話しかけてみてはどうでしょう。大抵の人は「ありがとう」と喜んでくれ、会話がはずむかもしれません。

Ihr Hund ist schön (klug)! / Schöner (Kluger) Hund!
イーア　フント　イスト　シェーン（クルーク）／シェーナー（クルーガー）
フント
立派な（賢い）犬ですね!

小さくてかわいい犬なら、思わず

Wie süß! / Süßer Hund!
ヴィー　ジュース／ジューサー　フント
なんてかわいいんでしょう!／かわいい犬!

なんて言ってしまえば飼い主さんも顔がほころぶはず。このフレーズは、Hund（犬）の部分を入れ換えれば、次のように使うことができます。

男性名詞	犬：Hund フント	‥‥‥‥‥‥‥‥ süßer Hund
女性名詞	ねずみ：Maus マウス	‥‥‥‥‥‥‥‥ süße Maus
中性名詞	女の子：Mädchen メートヒェン	‥ süßes Mädchen
複数形	靴：Schuhe シューエ	‥‥‥‥‥‥‥‥ süße Schuhe

（süß は本来の意味は「甘い」です。なので、甘いものを食べた時に「Wie süß!」と言うと、「なんて甘いの！」という意味になってしまいます。）

見たことのない品種の犬なら、品種を聞いてみるのも面白いでしょう。

> Welche Rasse ist das?
> ヴェルヒェ　ラッセ　イスト　ダス
> 何の種類（品種）なのですか？

撫でてみたい人はこう尋ねましょう。

> Darf ich ihn streicheln?
> ダルフ　イヒ　イーン　シュトライヒェルン
> 撫でてもいいですか？

wau wau!

＊首都ベルリンならではの見どころ

政府機関の辺りを歩いてみるのも面白いかもしれません。

Parlaments- und Regierungsviertel
パーラメンツ　ウント　レギールングスフィアテル
（国会議事堂と政府機関界隈）

Reichstag ライヒスターク（国会議事堂）はドーム型の屋根まで上がって見晴らしを楽しめますし、各国大使館（Botschaften ボートシャフテン (pl)）の建物を見て歩くのもいいでしょう。

× × × × × × × × ×

【公園・広場・通りの単語】
公園 Park（m）パーク／広場 Platz（m）プラッツ／通り Straße（f）シュトラーセ, Gasse（f）ガッセ, Allee（f）アレー／アーケード Arkade（f）アルカーデ／市場 Markt（m）マルクト／角 Ecke（f）エッケ／右（側）rechts レヒツ／左（側）links リンクス／木 Baum（m）バウム／花 Blume（f）ブルーメ／噴水 Brunnen（m）ブルネン／ベンチ Bank（f）バンク／橋 Brücke（f）ブリュッケ

Notiz

....

Kolumne　ドイツの交通ルール

ドイツ人はきちんとルールを守る国民性を持っています。車の通っていない道路を
サッと横切る人がいるとはいえ、「Nur bei Grün - den Kindern ein Vorbild（青に
なってから－子供たちに模範を）」と書かれた標識の通り、横断歩道に子供がいる
時などは、手本を示すために皆、きちんと信号を待ちます。

ある時私の友人（日本人）が車の全く通っていない道路を横切ったら、子供を連れ
て信号待ちしている男性から注意されたこともありました。

ドイツでは、交通事故が起きた場合、日本のように大部分が運転手の責任になる
わけではなく、歩行者のルール違反が原因で事故が起これば、歩行者の責任が問
われますので気をつけましょう。

自転車通勤・通学をする人はドイツにも多いです。
自転車用の道路も整備されています。自転車は乗り
物ですから、自動車と同じように右側通行を守らな
くてはならず、自転車道路を逆走したりしてはいけ
ません。また、夜ランプをつけないで乗っていると
ころをおまわりさんに見つかれば注意されます。レ
ンタサイクルをする方は要注意ですよ。歩行者も間
違って自転車道路を歩かないようにしましょう。

自転車や犬は公共の乗り物に乗せても大丈夫です。
自転車に関しては、特別料金がかかりますが、遠い
ところへ行く時などは便利です。

「ドイツに来たからにはレンタカー（Mietwagen (m) ミートヴァーゲン）を借りて、アウトバーンを走ってみたい！」という方もいるでしょう。ただ、ひと口にアウトバーンといっても、スピード制限のあるところとないところがありますので、標識を確認しましょう。アウトバーンの制限スピードは、ギリギリまで出して大丈夫です。むしろ遅く走るのはアウトバーンのルールに反しています。私がドイツで運転免許を取った時も、「スピードは出したくない」と先生に言ったら、先生の答えは「200kmと書いてあるところは 200km 出すのがマナーなんだ！」というものでした。速く移動するために作られた道路なので速く走るのがマナーというわけです。ドイツの車はスピードもよく出るし、がたがた揺れることなくスムーズに飛ばせますが、日本では味わったことのないスピード感には、くれぐれも気を付けてくださいね。

✕ ✕ ✕ ✕ ✕ ✕ ✕ ✕ ✕

【道路・交通の単語】
信号 Ampel（f）アンペル／アウトバーン（高速道路）Autobahn（f）アウトバーン／一方通行 Einfahrt（f）アインファート／自転車専用道路 Fahrradstraße（f）ファールラートシュトラーセ／歩行者専用通路 Fußgängerzone（f）フースゲンガーツォーネ／横断歩道 Zebrastreifen（m）ツェブラシュトライフェン／運転免許 Führerschein（m）フューラーシャイン

ドイツに来たら必ず一度は入るであろう Café (n) カフェや Imbiss (m) インビス。大きな駅なら構内にもありますし、他にも昔ながらのカフェ、オシャレな人達でにぎわうシックなカフェなど、いろいろ行ってみるのも楽しいですよ。

カフェはパン屋さんやケーキ屋さんの中に併設していることも多く、早くから開いているので、朝ごはんを食べていく人もたくさんいますし、焼き立てパンやサンドイッチを食べられるので、旅行者にも便利です。

ヨーロッパでは昔から社交の場としてカフェが発展してきました。現在でも人と会う時にはカフェが一番。おいしいコーヒー、紅茶などを軽食やケーキとともに楽しめば、また少しドイツ通な気分が味わえるでしょう。

カフェに入ったら勝手に座らず、お店の人に人数を伝えてから席を案内してもらいましょう。

Guten Tag, haben Sie Platz für zwei Personen?
グーテンターク　ハーベン　ズィー　プラッツ　フュア　ツヴァイ
ペアゾーネン
こんにちは。2人用の席はありますか？

FASSBENDER & RAUSCH
Chocolatiers am Gendarmenmarkt
Charlottenstraße 60, 10117 Berlin

Barcomi's Deli
Sophie-Gips-Höfe, 2. Hof, Sophienstr. 21,10178 Berlin

チョコレートメーカーが出しているカフェ。
メニューにもチョコレートを使ったものが
いっぱい。

ベルリン住民もお気に入りのカフェ。
美味しい紅茶とケーキが最高！

もしお店の人から何名様ですか？と聞かれたら、

(Wir sind) zwei.
（ヴィア　ズィント）ツヴァイ
（私達は）２人です。

と答えれば十分です。

席に座ったらもちろんメニューを見て注文するのですが、最初は慣れなくて
難しいでしょう。食べ物、飲み物のおおよそのカテゴリーを覚えておくとい
いと思います。飲み物は Getränke ゲトレンケ、食事は Speise シュパイ
ゼです。

●飲み物 Getränke
温かい飲み物なら heiße Getränke ハイセ　ゲトレンケ、冷たいものは
kalte Getränke カルテ　ゲトレンケです。

日本のようにお冷は出てきませんので、お水を飲みたい時は注文しないといけません。

最近は炭酸なしの水も出まわっていますが、私が昔ドイツに住んでいた頃は、売っているのはほとんど炭酸入りばかりでした。ドイツ人に理由を聞くと、「その方が健康だから」と言っていました。

炭酸なしの水は、stilles Wasser シュティレス　ヴァッサー（still 静かな）、あるいは、Wasser ohne Kohlensäure ヴァッサー　オーネ　コーレンゾイレ（炭酸なしの水）になります。

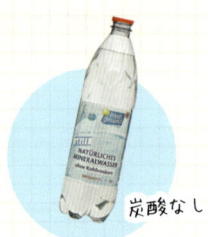
炭酸なし

微炭酸は medium（英語風にミディアムまたはメーディウム）や mild ミルトーマイルド、wenig Kohlensäure ヴェーニヒ　コーレンゾイレ（炭酸少なめ）と書かれていたりします。

炭酸入り

炭酸入りは Wasser mit Kohlensäure ヴァッサー　ミット　コーレンゾイレです。spritzig シュプリッツィヒ（ぴりぴりした）、classic クラシック、Sprudel (m) シュプルーデルなどと表示されている場合もあります。

お店で買うときにもこれらを目印にしましょう。

コーヒーは Kaffee (m) カフェー、紅茶は Tee (m) テー、ココアは Kakao (m) カカオ。カップで注文する場合は Tasse (f) タッセ、ポットの場合は Kännchen (n) ケンヒェンになります。

例）eine Tasse Kaffee（カップ 1 杯のコーヒー）、ein Kännchen Tee（紅茶をポットで一つ）

注文する時のお決まりのフレーズは、

Einen Milchkaffee, bitte.
アイネン　ミルヒカフェー　ビッテ
ミルク入りコーヒーをお願いします。

Ich möchte einen (ein Stück) Käsekuchen.
イヒ　メヒテ　アイネン（アイン　シュトゥック）ケーゼクーヘン
チーズケーキが欲しいです。

Ich nehme Bauernsalat und Pfefferminztee.
イヒ　ネーメ　バウアンザラート　ウント　プフェファーミンツテー
農家風サラダとペパーミントティーにします。
（nehmen は英語の take にあたります。）

の 3 通りを覚えておくといいでしょう。

黒板に Tageskarte ターゲスカルテ（日替わりメニュー）、あるいは Tagesempfehlungen ターゲスエンプフェールンゲン（今日のおススメ）が書かれていることが多いです。手書きなので読みづらいですが、挑戦してみたい人は、

| Ich nehme das Tagesmenü.
| イヒ　ネーメ　ダス　ターゲスメニュー
| 本日の定食、コースにします。

と言ってみましょう。
（メニューは日本のように料理表ではなく、定食、コースのことを指します）

食べ終わるとウェイトレスさんがお皿を下げる時に、

| Hat's Ihnen geschmeckt?
| ハッツ　イーネン　ゲシュメクト
| お口に合いましたか？

と聞いてくるかもしれません。

おいしかったら

Ja. ／ Ja, danke. ／ Danke, das war sehr gut.
ヤー／ヤー　ダンケ／ダンケ　ダス　ヴァー　ゼア　グート

と言えばいいです。

もし多すぎて残してしまったなら、

Ja, aber es war zu viel (für mich).
ヤー　アーバー　エス　ヴァー　ツー　フィール（フュア　ミヒ）
はい、でも（私には）多すぎました。

と言いましょう。こう言えば、残してもお店の人の気を悪くせずに済みます。

＊支払い方法

ドイツではカフェやレストランで、お客がレジへ行って支払いをすることはまずありません。テーブルで払うのが普通です。

「お勘定をお願いします」のドイツ語は

Zahlen, bitte.
ツァーレン　ビッテ

です。

Zusammen oder getrennt?
ツザメン　オーダー　ゲトレント

と聞かれたら、「ご一緒ですか、別々ですか」という意味ですので、全部まとめてなら、

> **Alles zusammen, bitte.**
> アレス　ツザメン　ビッテ
> 全部一緒でお願いします。

別々なら、

> **Getrennt, bitte.**
> ゲトレント　ビッテ

と言い、別々ならそれぞれ順番に食べたもの、飲んだものを言います。口で伝えるのが難しい場合は、メニューで自分の食べたもの、飲んだものを指し示してみましょう。

ウェイターが計算して金額を言ってくれたら（数字が聞き取れない時はBitte? と聞き直し、注文票を見るようにすると、書いた金額を見せてくれるでしょう）、そこにチップを上乗せして払います。チップをテーブルに置いていく習慣はドイツにはありません。

例えば合計が 17.50 ユーロであれば、20 ユーロなど切りのいい数字を出します。単に 20 ユーロ札を出すだけだと、一応ウェイターはお釣りを出そうとするので、「20 ユーロでお願いします（Zwanzig, bitte. ツヴァンツィヒ　ビッテ）」あるいは「これで結構です＝お釣りはいりません（Stimmt so. シュティムト　ゾー）」と言いながら出すか、ウェイターがお釣りを出したら「お釣りはあなたのです（Für Sie, bitte. フュア　ズィー　ビッテ）」と言えばチップだと分かってもらえるでしょう。

＊ベルリンのおススメカフェ

●ケーキ好きなら
Der Kuchenladen
住所：Kantstraße 138, 10623 Berlin
常時 50 種類のケーキが食べられます。

●チョコ好きなら
Fassbender & Rausch Chocolatiers am Gendarmenmarkt
住所：Charlottenstraße 60, 10117 Berlin
一階はチョコショップ、二階はチョコレートを使ったお料理やケーキが食べ
られるカフェ。

●ドイツで人気の女性料理人のお店
Das Kaffeehaus
住所：Leipziger Straße 16, 10117 Berlin
TV などで人気の Sarah Wiener（ザラ・ヴィーナー）さんのお店。
Museum für Kommunikation（コミュニケーション博物館）の中にあり
ます。おいしいパンも食べられます。

●アートギャラリーも兼ねたベルリンの有名なカフェ
Café Einstein Unter den Linden
住所：Unter den Linden 42, 10117 Berlin
ウィーンのカフェの雰囲気があり、政治家やメディア関係者がよく訪れます。
店内は写真などのギャラリーとしても使われています。

*インビス (Imbiss (m))

インビスは軽い食事といった意味ですが、そういった軽食を出すスタンドや店舗そのものもインビスと呼びます。

インビス

ドイツならではの軽食といえば、おなじみのソーセージ。ドイツ各地に名物のソーセージがあるのですが、ベルリンに来たら外せないのがCurrywurst カリーヴルストです。

グリルしたソーセージを一口大にカットし、ケチャップをベースにしたソースとカレー粉をかけて食べるのですが、これはベルリンの女性が作ったものがはじまりと言われています。今ではドイツ全国で食べられますが、発祥地ベルリンのカリーヴルストをぜひ一度はお試しあれ。

注文する時は

Currywurst (mit Pommes), bitte.
カリーヴルスト（ミット　ポメス）ビッテ
カリーヴルスト（とフレンチフライ）を一つください。

と言えば OK。

Was möchten Sie zu den Pommes?
ヴァス　メヒテン　ズィー　ツー　デン　ポメス
ポテトに何をつけますか？

と聞かれたら、

Ketchup / Mayo, bitte.
ケチャップ／マヨ　ビッテ
ケチャップ／マヨネーズをつけてください。
（ドイツでは略してマヨということが多いです）

もちろん Ketchup und Mayo でも構いませんよ。
カロリー多めですがおいしいです。

もちろん他のソーセージもインビスで食べられます。パンもついてくるので
ちょっとしたお昼ご飯にもできます。

ボリュームたっぷり！

ケチャップも美味しい♪

Frikadelle (f) フリカデレ , Bulette (f) ブーレッテ	…	ミートボール
Bockwurst (f) ボックヴルスト	……	茹でて食べるソーセージ
Thüringer Rostbratwurst (f) テューリンガー　ロストブラートヴルスト		
……		テューリンゲン州の長いグリルソーセージ
Kartoffelsalat (m) カルトッフェルザラート	…	ポテトサラダ
Nudelsalat (m) ヌーデルザラート	……	パスタサラダ

ドイツには中近東からの移民も多く、トルコ料理のインビスも多いです。ケバブ、ファラフェルなど、お腹も満足するものが気軽に、安く食べられます。（トルコのインビスは Türkischer Imbiss テュルキシャー　インビス）

＊ドイツ人は大のコーヒー好き!

コーヒーと言えば、アメリカンやイタリアのエスプレッソを連想する人も多いのではないでしょうか。日本人は意外に思うかもしれませんが、ドイツ人は大のコーヒー好き。ドイツ人が最も消費する飲み物は、ビールでも水でもなく、なんとコーヒーなのです。

ドイツのコーヒーはアメリカンよりは濃く、酸味の少ないしっかりとした味のものが多いです。ドイツ在住経験のある知り合いの日本人で、「ドイツのコーヒーはおいしかった」という人はかなり多くいました。また、アメリカに留学していた知り合いのドイツ人が、わざわざドイツからコーヒーを送ってもらっていたという話も聞いたことがあります。

朝コーヒーを飲み、仕事場でもコーヒー、お昼ご飯を食べて、午後に一息で、などと一日中コーヒーは欠かせません。週末の午後には人を招いて、コーヒーとケーキを楽しんだりもします。

街を歩くとコーヒーショップも多いことに気がつくでしょう。ドイツの大手コーヒーメーカーのほか、日本でもおなじみスターバックスなど、いろいろなメーカーのコーヒーチェーンがあります。

ちなみに日本で言うところの「お茶しない?」は、ドイツでは

Wollen wir mal Kaffee trinken?
ヴォレン　ヴィア　マル　カフェー　トリンケン
コーヒー飲まない?

になります。

×　×　×　×　×　×　×　×　×

【カフェ・食べ物・飲み物の単語】
ウェイター Kellner（m）ケルナー／ウェイトレス Kellnerin（f）ケルナリン／メニュー Speisekarte（f）シュパイゼカルテ／前菜 Vorspeise（f）フォアシュパイゼ／スープ Suppe（f）ズッペ／サラダ Salat（m）ザラート／メインディッシュ Hauptspeise（pl）ハウプトシュパイゼ, Hauptgerichte（pl）ハウプトゲリヒテ／肉料理 Fleischgerichte（pl）フライシュゲリヒテ／魚料理 Fischgerichte（pl）フィッシュゲリヒテ／デザート Dessert（n）デセーア, Nachtisch（m）ナハティッシュ／ソフトドリンク alkoholfreie Getränke（pl）アルコホールフライエ ゲトレンケ／ミネラルウォーター Mineralwasser（n）ミネラールヴァッサー／オレンジジュース Orangensaft（m）オランジェンザフト／リンゴジュース Apfelsaft（m）アプフェルザフト

カリーヴルスト ミュージアム
Currywurst Museum

チェックポイント・チャーリーに行ったらすぐ近くにあるこの博物館にも行ってみましょう。カリーヴルストの歴史、インビス・カルチャーについて、ただ展示を見るだけでなく、いろいろな体験ができる作りになっています。例えばインビスのオーナーになって写真が撮れるコーナー、カリーヴルストのケチャップに使われるスパイス類を嗅いでみたり、自分だけのオリジナルスパイスをミックスしたり、面白いコーナーがたくさん!

何の
においかな？

Deutsches Currywurst Museum
Berlin

やった!
正解♪

Deutsches Currywurst Museum Berlin

Schützenstraße 70
10117 Berlin Mitte

Photo
© Deutsches Currywurst Museum Berli

90

ベルリンの
カリーヴルスト店マップ

ケチャップ型のユニークな受話器！
耳にあてれば、カリーヴルストの
説明が聞こえてきます♬

どこにお店があるのか、
ひと目で分かります。

ずっと見てたら、
食べたくなって
きちゃった…

見学の後は
カリーヴルストが
食べられる
インビスもあるよ！

Ganz Berlin
will an ...

DIE BUDE

ベッカライ・コンディトライで

~いろいろなパンを試してみよう♪~

ドイツと聞いてパンをまっさきに思い浮かべる人もいるでしょう。それもそのはず、世界でパンの種類が最も多いのはドイツなのです。街を歩いていてもパン屋さん（Bäckerei (f) ベッカライ）は多く、目立ちます。朝は焼き立ての Brötchen (n) ブレートヒェン（丸くて小さいパン）を買いに行く人が多く、そのためパン屋さんは 6 時半～ 7 時には開いています。

スライスして食べる大型パン（Brot (n) ブロート）や、小さくて丸い小型パン（Kleingebäck (n) クラインゲベック）、それらを使ったサンドイッチ、午後のおやつにぴったりの菓子パンなど、いろいろ見たり、実際に食べるのがとても楽しいので、パン屋さんに入ることは私にとって、ドイツでの大きな楽しみのひとつになっています。

地方ならではのパンもあるので、そういったものをチェックするのも興味深いです。ホテルでの朝食は先に書いた通りとてもおいしいのですが、時には街のパン屋さんで朝ごはんもいいですね。

＊パンを買ってみよう!

パン屋さんを見かけたらさっそく中へ入ってパンを買ってみましょう。

Ein Brötchen (Zwei Roggenbrote), bitte.
アイン　ブレートヒェン（ツヴァイ　ロゲンブローテ）ビッテ
ブロートヒェンを1つ（ライ麦パンを2つ）ください。

Ein Schinken- (Käse-) brötchen (Brötchen mit Schinken / Käse), bitte.
アイン　シンケン（ケーゼ）ブレートヒェン（ブレートヒェン　ミット　シンケン／ケーゼ）ビッテ
ハム（チーズ）サンドをください。

Eine (Drei) Brezel(n)(mit Butter), bitte.
アイネ（ドライ）ブレーツェル（ン）（ミット　ブター）ビッテ
ブレーツェルを1つ（3つ）（バターつきで）ください。

そのほか主なパンはこちらです。
Weizenmischbrot ヴァイツェンミッシュブロート（小麦の割合が多いパン）、Roggenbrot ロゲンブロート（ライ麦パン）、Sonnenblumenbrot ゾンネンブルーメンブロート（ひまわりの種が入ったパン）、Mehrkornbrot メアコーンブロート（複数の穀類を使ったパン）

菓子パン（Feingebäck ファインゲベック）もいろいろ
Rosinenbrötchen ロズィーネンブレートヒェン（レーズンパン）、Berliner ベルリーナ（ジャム入りの揚げパン）、Nussschnecke ヌスシュネッケ（ナッツを入れた渦巻型の菓子パン）、Quarktasche クヴァークタッシェ（クワルクというフレッシュクリームチーズのフィリングが入った菓子パン）など

イートインコーナーがあるパン屋さんも多いです。その場合店員さんにそこで食べるか、持ち帰りか聞かれますので、こう答えましょう。

Zum Hieressen?
ツム　ヒアエッセン
こちらで召し上がりますか？

メアコーンブロート

Ja. ／ Nein, zum Mitnehmen, bitte.
ヤー／ナイン　ツム　ミットネーメン　ビッテ
はい／いえ、持ち帰り用です。

＊コンディトライ

Konditorei (f) コンディトライはいわゆるケーキ屋さん。クリームやフルーツを使ったケーキやチョコレートなどが並びます。ドイツのケーキは高さがあって、ボリュームも多いのですが、甘さ控え目なのでけっこう食べられてしまいます。ドイツのケーキといえば、Baumkuchen バウムクーヘンを挙げる人もいるかもしれませんね。バウムクーヘン（Baum (m) は木、Kuchen (m) はケーキ）は年輪をかたどった、クリスマスの時に食べるケーキ。でも実はドイツ人はあまりバウムクーヘンを食べません。クリスマスの時期にしか売っていませんし、それほど安いものが大量生産されて出回っているというわけでもないのです。

クーヘンは、ケーキ一般、特に丸ごと焼いたケーキを意味します。これに対し、スポンジケーキなどにクリームやフルーツを合わせた生ケーキのようなものは Torte (f) トルテと言います。

✳ケーキ（Kuchen）いろいろ

Apfelkuchen アプフェルクーヘン

リンゴのケーキ

Bienenstich ビーネンシュティヒ

カスタードクリームを挟んだケーキ

Gugelhupf グーゲルフプフ

クグロフ型で焼いたパウンドケーキ

Käsekuchen ケーゼクーヘン

チーズケーキ（ドイツではクワルクを使うのが普通）

Pflaumenkuchen プフラウメンクーヘン

プラムのケーキ

Sandkuchen ザントクーヘン

パウンドケーキ

Streuselkuchen シュトロイゼルクーヘン

クランブルが乗ったケーキ

Donauwelle ドナウヴェレ

「ドナウ川の波」という意味で、チェリーの入ったココア
生地の上にクリームを乗せ、波型模様をつけたケーキ

ケーキを注文してみましょう。

> Eine Käsesahnetorte, bitte. / Ich hätte gerne eine Käsesahnetorte.
> アイネ　ケーゼザーネトルテ　ビッテ／イヒ　ヘッテ　ゲアネ　アイネ
> ケーゼザーネトルテ
> ケーゼザーネトルテ（生クリームとクリームチーズのタルト）を下さい。

Ich hätte gerne ～は「～が欲しい」という意味で、よく使われる便利な
フレーズですよ。

> Einen Apfelkuchen mit/ohne Sahne, bitte.
> アイネン　アプフェルクーヘン　ミット／オーネ　ザーネ　ビッテ
> リンゴのケーキをホイップクリーム付き／なしでお願いします。

*タルト（Torten (pl) トルテン）いろいろ

Erdbeertorte　エルトベーアトルテ
イチゴのタルト

Frankfurter Kranz　フランクフルター　クランツ
王冠を模して作ったケーキ

Schwarzwälder Kirschtorte　シュヴァルツヴェルダー　キルシュトルテ
キルシュリキュールが効いたチョコとチェリーのケーキ

Notiz

....

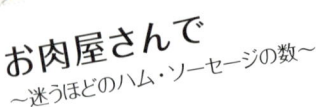

お肉屋さんで
~迷うほどのハム・ソーセージの数~

ドイツの食べ物といえばやっぱりソーセージ（Wurst (f) ヴルスト）。
ハム（Schinken (m) シンケン）とソーセージだけで、およそ 1,500 種類もあるのです。

ドイツの人がハムやソーセージを買う時は、近所のお肉屋さんか、デパートの食品コーナー、スーパーなどで量り売りをしてもらうのですが、はじめての方には種類がたくさんありすぎて、どれを選んだらよいのかわからないかもしれません。

旅行中に量り売りの食材を買うのは難しいかもしれませんが、ホテルの部屋でゆったり夕食を取りたい時、公園や景色のいい屋外でランチしたい時など、パンや飲み物と一緒に少しだけハムやソーセージを買ってみてはいかがでしょう？

ビアシンケン

スモークハム

✻ Schinken ーハム

● 生ハム：Rohschinken ローシンケン
● 火を通したハム：Kochschinken コッホシンケン
● スモークしたハム：Räucherschinken ロイヒャーシンケン

✻ Wurst ーソーセージ類

● Bierwurst ビアヴルスト
きめの粗いひき肉を使ったソーセージで、マスタードなどが入っています。
名前に Bier（ビール）がついていますが、ビールが使われているのでは
なく、ビールに合うソーセージという意味です。

● Frankfurter フランクフルター
正しくは Frankfurter Würstchen フランクフルター　ヴュルストヒェン。
日本でもおなじみですね。茹でて食べるソーセージです。似たものにウインナー（Wiener ヴィーナー、Wiener Würstchen ヴィーナー　ヴュルストヒェン）がありますが、これはウィーンに移住したフランクフルト出身のドイツ人が作ったと言われています。

● Leberwurst レーバーヴルスト
名前の通り、レバーを使ったソーセージ。スライスして食べる他、柔らかいものはペーストのようにパンに塗って食べます。

● Lyoner リオーナー
スパイスなどがいろいろ入ったソーセージ。スライスして食べます。サラダにもよく使われます。

● Mettwurst メットヴルスト

低い温度でスモークしたソーセージで、スライスして食べるものと、柔らかく、パンに塗って食べるものがあります。ほとんど生のように見えるので、最初は驚くかもしれませんがおいしいですよ。

● Salami ザラーミ

サラミです。種類もいろいろあります。
一本丸ごと買ってもいいし、スライス
を量り売りで買ってもよし。

Salami

● Sülze ズュルツェ

ゼリー寄せです。肉、内臓、野菜などいろいろなタイプがあります。

Sülze

フランクフルトのように、細長いものを漠然とソーセージだと思っている人が多いと思いますが、ソーセージとは、肉、脂肪、内臓などを調味料やスパイスで味付けし、動物の腸に入れて茹でる、燻製にする、焼く、などの調理を施したものを指し、太さ、長さはいろいろです。太いものはスライスして食べます。

これに対しハムとは、元々豚のモモやお尻の部分を指し、もも肉を塩漬けにしたものを茹でたり、蒸したり、干して熟成させたりしたもののことを言います。

Ich möchte 100g Frankfurter Würstchen (Bierwurst, Pfeffersalami, Leberkäse), bitte.

イヒ　メヒテ　フンデルト　グラム　フランクフルター　ヴュルストヒェン
（ビアヴュルスト　プフェファーザラーミ　レーバーケーゼ）ビッテ

フランクフルト・ソーセージ（ビアヴュルスト、ペッパーサラミ（コショウの効いたサラミ）、レーバーケーゼ（バイエルン風ミートローフ））を 100 ｇ下さい。

洋服店・靴店で
~専門店がおすすめ~

旅行に来てみたら期待外れの天気・気温で、「持ってきた洋服では暑い・寒い」とか、「通りかかったお店がとてもおしゃれだったので、一着何か買ってみたい」とか、「海外ブランドを安く買いたい」とか、旅行中に洋服を買うことってよくありますよね。

ドイツ人はご存じの通り、平均身長が日本人より高いので、洋服も大きいものが多いです。必ず試着してから購入しましょう。

日本でおなじみのチェーン店もありますが、日本とラインナップが違うこともあるので、興味があれば入ってみましょう。値段も手ごろなので旅行中に足りない服をサッと買う時などにはちょうどいいでしょう。

おしゃれなものを探したい場合は、デパートのようなお店よりも、こじんまりした専門店の方がおススメです。

フェルト素材の
かわいい靴♡

Guten Tag! / Hallo! Kann ich Ihnen helfen?

グーテンターク／ハロー　カン　イヒ　イーネン　ヘルフェン

こんにちは。何かお探しですか？

Guten Tag. Ich suche eine Winterjacke. / Danke, aber ich schaue nur mal.

グーテンターク　イヒ　ズーヘ　アイネ　ヴィンターヤッケ／ダンケ　アーバー　イッヒ　シャウエ　ヌア　マール

こんにちは。冬用のジャケットを探しているのですが。／いえ、まずちょっと見てみます。

Winterjacken sind da. / oben. / hinten rechts. / im Untergeschoss.

ヴィンターヤッケン　ズィント　ダー／オーベン／ヒンテン レヒツ／イム　ウンターゲショス

冬用ジャケットはそこです。／上の階です。／奥の右側です。／地下です。

Gefällt es Ihnen?

ゲフェルト　エス　イーネン

お気に召しましたか？

Das gefällt mir gut. Ich nehme es.

ダス　ゲフェルト　ミア　グート　イヒ　ネーメ　エス

これとても気に入りました。これにします。

Das ist mir zu klein / groß. Gibt es andere Größen?

ダス　イスト　ミア　ツー　クライン／グロース　ギプト　エス　アンデレ　グレーセン

これは小さすぎです／大きすぎです。他のサイズはありますか？

Das passt mir nicht.
ダス　パスト　ミア　ニヒト
これは私には合いません。

Haben Sie andere Farben?
ハーベン　ズィー　アンデレ　ファーベン
他の色はありますか?

Alles?
アレス
これでお探しのものは全てですか?

Ja. / Nein, ich möchte mir noch Hosen / Blusen / Pullis ansehen.
ヤー／ナイン　イヒ　メヒテ　ミア　ノホ　ホーゼン／ブルーゼン／
プリス　アンゼーエン
はい。／いえ、まだパンツ／ブラウス／セーターを見たいです。

ドイツでは比較的よく靴屋さんを見かけます。安いチェーン店ももちろんある
のですが、ドイツ人はしっかりとした、丈夫なものが好きな傾向があるので、
専門店が多いのだと思います。ただ、ヨーロッパ人は日本人と違って足の
甲が低く、幅が狭いので、購入を考えている方は気をつけて、まずは試着
してみてください。日本でも人気のエコシューズもいろいろあります。靴一
足は ein Paar Schuhe アイン　パー　シューエ。Paar はペアのことです。

Darf ich diese Schuhe probieren?
ダルフ　イヒ　ディーゼ　シューエ　プロビーレン
この靴を履いてみてもいいですか?

Ja, gerne. Bitte.
ヤー　ゲルネ　ビッテ
もちろん、どうぞ。

Sie sind mir etwas zu eng. Haben Sie (die Größe) 38?
ズィー　ズィント　ミア　エトヴァス　ツー　エング　ハーベン　ズィー
（ディー　グローセ）アハトウントドライシヒ
これはちょっときついです。サイズ 38 はありますか？

Ja, einen Moment, bitte.
ヤー　アイネン　モメント　ビッテ
ええ、ちょっとお待ちください。

＊ベルリンおすすめのファッションショップ・お店

ベルリンはファッションもチェックしたい町。ベルリン出身デザイナーのショップもあちこちにあります。Hackescher Markt ハッケシャー　マルクトなどに行けば、大手チェーンの洋服ではなく、もっとオリジナル感のある、ベルリン発のファッションアイテムが見つかるはずです。

また、ベルリンでは毎年2回「Berlin Fashion Week」が開催されています。ファッションショーの他、街中でいろいろなイベントが開かれていますので、タイミングよくベルリンに来た人は要チェック！

ベルリン街角スナップ

似合うかしら。。。

お気に入り
ゲット〜♡

大人っぽい
スタイルも♪

Berlin
Fashion
Week

ベルリン
ファッション
ウィーク

私たちも出るから
見に来てね♥

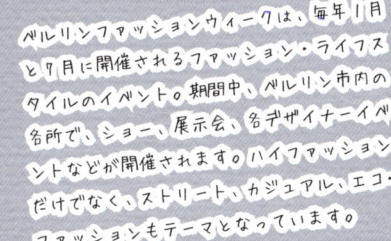

ベルリンファッションウィークは、毎年1月
と7月に開催されるファッション・ライフス
タイルのイベント。期間中、ベルリン市内の
各所で、ショー、展示会、各デザイナーイベ
ントなどが開催されます。ハイファッション
だけでなく、ストリート、カジュアル、エコ・
ファッションもテーマとなっています。

＊ヨーロッパのサイズはこちら＊

洋服（女性）

日本	7	9	11	13	15	17	19
ドイツ	36	38	40	42	44	46	48

洋服（男性）

日本	XS	S	M	L	XL
ドイツ	40/42	44/46	48/50	52/54	56/58

靴（女性）

日本	22.5	23	23.5	24	24.5
ドイツ	35	36	37	38	39

靴（男性）

日本	24.5	25	25.5	26	26.5	27	27.5
ドイツ	39	40	41	42	43	44	45

厳密なサイズは微妙に上の表とはズレていたり、メーカーによって大きめ
だったり小さめだったりするので、試着してみましょう。

× × × × × × × × ×

【洋服・靴に関する単語】

ファッション・流行 Mode (f) モーデ／洋服（全般）Kleidung (f) クライドゥング／靴（全般）Schuhe (f) シューエ／帽子（つば付き）Hut (m) フート，（つばなし）Mütze (f) ミュッツェ／手袋 Handschuhe (f) ハントシューエ／マフラー Schal (m) シャール／下着（全般）Unterwäsche ウンターヴェシェ，Wäsche (f) ヴェシェ，Dessous (n) デスー（デスース）／女性下着 Damenunterwäsche (f) ダーメンウンターヴェシェ／男性下着 Männerunterwäsche (f) メナーウンターヴェシェ／ブラジャー BH（Büstenhalter の略）(m) ベーハー（ビューステンハルター）／ショーツ Panty (m) パンティ，Slip (m) スリップ，Unterhose (f) ウンターホーゼ／下着 Unterhemd (n) ウンターヘムト，Shirt (n) シャート／シャツ Hemd (n) ヘムト／ブラウス Bluse (f) ブルーゼ／セーター Pullover プルオーバー，（略して）Pulli (m) プリ／ジャケット Jacke (f) ヤッケ／コート Mantel (m) マンテル／スーツ Anzug (m) アンツーク／パンツ Hose (f) ホーゼ／スカート Rock (m) ロック／ストッキング Strumpfhose (f) シュトゥルンプフホーゼ／靴下 Strümpfe (pl) シュトゥリュンプフェ，Socken (pl) ゾッケン／水着 Badeanzug (m) バーデアンツーク／水泳パンツ Badehose (f) バーデホーゼ／ビキニ Bikini (m) ビキニ／サイズ Größe (f) グレーセ／長さ Länge (f) レンゲ／幅 Breite (f) ブライテ／色 Farbe (f) ファーベ／形 Form (f) フォーム

書店で
~情報・文化の宝庫~

「ドイツ語があまり分からない」という人も、ぜひ本屋（Buchladen (m) ブーフラーデン、Buchhandlung (f) ブーフハンドルング）に立ち寄ってみてください。書店はドイツの「今」に触れられる場所です。どんなテーマが流行っているのか、どの作家（Autor (m) アウトーア、Autorin (f) アウトーリン）が人気なのか、どんなジャンルの本が充実しているのかなど、様々な視点で見てみるといろいろな発見があります。

写真集など言葉が少なく、見て分かるものもたくさんあるし、お料理の本なども楽しいです。私はお料理の本でドイツ語を覚えました。デザイン・装丁が日本と違ってユニークなものも見つかるでしょう。町の地図やレストランガイドなどもあるので、滞在している町の情報が欲しい時にも役立ちます。そういったコーナーはたいてい入口付近や一階にあります。また、もしも好きなドイツ人作家がいるなら、ドイツ語の原書を手に取ってみてはどうでしょう？「ドイツ語を勉強したい！」という意欲が湧いてきますよ。

大きな書店には文房具や雑貨、CDなども売っているので楽しめます。年末はカレンダーも売っているので、翌年のカレンダーを買うのも手。さらに、最近の漫画ブームでドイツでも、日本の漫画のドイツ語版がいろいろ出ています。漫画好きの方はチェックしてみてください。漫画は会話が多く、いろいろなシーンがあるので、生きたドイツ語を学ぶのにも役立つ教材になるでしょう。ただ、雑誌（Zeitschrift (f) ツァイトシュリフト）は書店では売っていません。駅構内やショッピングセンター内のキオスクなどで探してください。

専門書は Fachbuch ファーハブーフ （複数：Fachbücher ファーハ
ビューヒャー）、文芸書は Belletristik (f) ベレトリスティーク、メルヘ
ン・童話はもちろん Märchen (n) メアヒェンです。CD ブックもかなりあり、
Hörbücher ヘアビューヒャー （hören= 聞く）といいます。

Haben Sie / Gibt es einen Berliner Stadtplan?
ハーベン　ズィー／ギプト　エス　アイネン　ベルリーナー　シュタット
プラーン
ベルリンの地図はありますか?

Ja, auf (in) der 3. Etage / im 3. Obergeschoss.
ヤー　アオフ（イン）デア　ドリッテン　エタージェ／イン　ドリッテン
オーバーゲショス
はい、３階にありますよ。

Ich suche Grimms Märchen / Die Buddenbrooks （本の名前）von
Thomas Mann （作家の名前）.
イヒ　ズーヘ　グリムス　メアヒェン／ディー　ブデンブロークス　フォン
トーマス　マン
グリム童話／トーマス・マンの 『ブッデンブローク家の人々』 を探してい
るのですが。

Haben Sie die ISBN?
ハーベン　ズィー　ディー　イーエスベーエヌ
ISBN 番号はお持ちですか?

Ja, sie ist ○○○ . / Nein, leider nicht.

ヤー　ズィー　イスト　○○○／ナイン　ライダー　ニヒト

はい、○○○です。／いいえ、残念ながら持っていません。

ISBN（アイエスビーエヌ International Standard Book Number）は、書籍を特定するための、世界共通の番号です。本の裏表紙に表示されていることが多く、本を調べる際にあると便利です。

✕ ✕ ✕ ✕ ✕ ✕ ✕ ✕ ✕

【本に関する単語】
本 Buch（n）ブーフ／伝記 Biografie（f）ビオグラフィー／辞書 Wörterbuch（n）ヴェルターブーフ／小説 Roman（m）ロマーン／推理小説 Krimi（m）クリーミ／料理本 Kochbuch（n）コーホブーフ／オーディオブック Hörbuch ヘーアブーフ（n）／地図 Stadtplan（m）シュタットプラーン／ガイドブック Stadtführer（m）シュタットフューラー／漫画 Manga（n）マンガ／童話 Märchen（n）メアヒェン

マルクトで

~日常風景を味わう~

ドイツではどんな町にも、必ずといっていいほど中心となる場所があります。たいてい大きな教会（Kirche (f) キルヒェ）や市庁舎（Rathaus (n) ラートハウス）が建っていて、その前の広場（Platz (m) プラッツ）がそうした中心になっています。集会やお祭も開かれるのですが、よく見かけるのは市場（Markt (m) マルクト）です。季節の野菜、果物に始まり、花、パン、チーズやハムなど、いろいろな食材がにぎやかに並びます。

味見をさせてくれる屋台もあります。日本では見かけない野菜や果物、ハーブやキノコなど、見ているだけで楽しくなります。人々がよく買うもの、旬のものは何かを注意して見ていくと、ドイツ人の生活が見えてくる面白い場所です。市場では量り売りをしてくれるので、何か買ってみたい時は希望の量を言って買ってみましょう。

Hallo, guten Tag! Ich hätte gerne die Trauben.

ハロー　グーテン　ターク　イヒ　ヘッテ　ゲルネ　ディー　トラウベン

こんにちは!そのブドウが欲しいのですが。

Wie viel?

ヴィー　フィール

どのくらいですか?

Ein Kilo, bitte.

アイン　キロ　ビッテ

１キロお願いします。

Sonst noch etwas?

ゾンスト　ノホ　エトヴァス

他に何かありますか?

Ein Pfund (200g, 5 Stück) Pflaumen (Bananen, Orangen, Kirschen, Tomaten, Spinat, Kartoffeln) bitte.

アイン　プフント（ツヴァイフンデルト　グラム、フュンフ　シュトゥック）プフラウメン（バナーネン、オランジェン、キルシェン、トマーテン、シュピナート、カルトッフェルン）ビッテ

プラム（バナナ、オレンジ、チェリー、トマト、ホウレンソウ、ジャガイモ）を500ｇ（200g、5個）下さい。

Das war's?

ダス　ヴァース

以上ですか？

Ja.

ヤー

はい。

Das macht zusammen 8 Euro, bitte.

ダス　マハト　ツザメン　アハト　オイロ　ビッテ

全部で8ユーロになります。

（10ユーロ札を渡す）

2 Euro zurück. Danke, schönen Tag noch!

ツヴァイ　オイロ　ツリュック　ダンケ　シェーネン　ターク　ノホ

2ユーロのお返しです。ありがとうございます。よい一日を!

Danke, gleichfalls!

ダンケ　グライヒファルス

ありがとう。あなたも！

＊クリスマス市

マルクトが一番賑やかになるのは 12 月。クリスマスイブまでの 1 カ月間、それぞれの町や村のマルクトではクリスマス市（Weihnachtsmarkt (m) ヴァイナハツマルクト）が開かれ、クリスマスツリーやイルミネーションがクリスマスの雰囲気を醸し出し、食べ物や雑貨などを売るスタンドが立ち並びます。大きなところでは移動遊園地もあります。グリューワイン（Glühwein (m) グリューヴァイン）や温かい食べ物の香りに誘われて、つい入っていきたくなるところです。また、地方によって出る食べ物も違います。私は以前ベルリンで、Grünkohl (m) グリューンコール（ケール）を煮てソーセージと合わせたものを食べました。この時期ドイツを訪れる人、クリスマス市は必見ですよ！

グリューワインのカップ（Tasse (f) タッセ）は、その町の名前とその年の年号が入っているので、思い出に持ち帰るのもアリだと思います。ワインを買う時にカップのデポジット（Pfand (n) プファント）を払っているので、そのまま持ち帰っても大丈夫。必要なければ買ったスタンドへ持って行き、デポジットを返してもらいましょう。

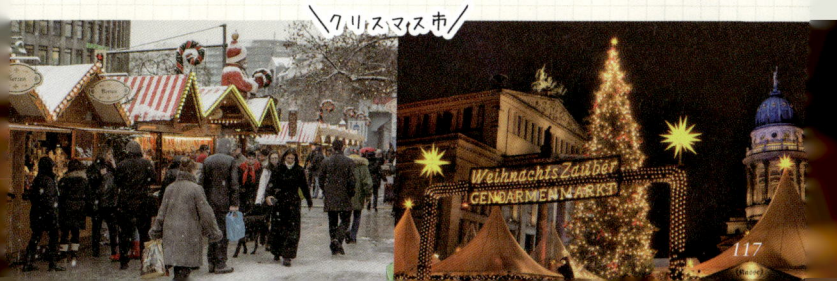

＼クリスマス市／

117

市場の単語
マルクト

ドイツ語でコミュニケーションするチャンスが市場にはたくさんあります。この絶好の機会に役立つよう、写真付きで単語を紹介しました。お店の人にどうしても通じない場合は、写真を指差して伝えても良いので、勇気を出して店員さんに話しかけてみましょう！

フルーツ Obst (n) オープスト

杏
Aprikose (f)
アプリコーゼ

イチゴ
Erdbeere (f)
エアトベーレ

オレンジ
Orange (f)
オランジェ

さくらんぼ
Kirsche (f)
キルシェ

スイカ
Wassermelone (f)
ヴァッサーメローネ

洋ナシ
Birne (f)
ビルネ

パイナップル
Ananas (f)
アナナス

バナナ
Banane (f)
バナーネ

ブドウ
Traube (f)
トラウベ

ブルーベリー
Heidelbeere (f)
ハイデルベーレ

みかん
Mandarine (f)
マンダリーネ

メロン
Melone (f)
メローネ

ラズベリー
Himbeere (f)
ヒムベーレ

リンゴ
Apfel (m)
アプフェル

レモン
Zitrone (f)
ツィトローネ

野菜 Gemüse (n) ゲミューゼ

アスパラガス
Spargel (m)
シュパーゲル

えんどう豆
Bohne (f)
ボーネ

かぼちゃ
Kürbis (m)
キュルビス

キャベツ
Kohl (m)
コール

キュウリ
Gurke (f)
グルケ

ゴボウ
Schwarzwurzel (f)
シュヴァーツヴルツェル

ジャガイモ
Kartoffel (f)
カルトッフェル

セロリ
Sellerie (f)
ゼレリー

タマネギ
Zwiebel (f)
ツヴィーベル

トマト
Tomate (f)
トマーテ

なす
Aubergine (f)
オーベアジーネ

ニンジン
Karotte (f), Möhre (f)
カロッテ , メーレ

ネギ
Lauch (m)
ラオホ

ハクサイ
Chinakohl (m)
ヒナコール

ピーマン
Paprika (m)
パプリカ

ブロッコリー
Brokkoli (m)
ブロッコリー

ホウレンソウ
Spinat (m)
シュピナート

レタス
Eisbergsalat (m)
アイスベルクザラート

ハーブ Kräuter (pl) クロイター ・ 香辛料 Gewürze (pl) ゲヴュルツェ

コショウ
Pfeffer (m)
プフェファー

ショウガ
Ingwer (m)
イングヴェア

トウガラシ
Paprika (m), Chili (m)
パプリカ, チリ

ニンニク
Knoblauch (m)
クノーブラオホ

バジル
Basilikum (n)
バジリクム

パセリ
Petersilie (f)
ペターズィーリェ

ローズマリー
Rosmarin (m)
ロスマリーン

セージ
Salbei (m/f)
ザルバイ

チャイブ
Schnittlauch (m)
シュニットラオホ

花 Blume (f) ブルーメ

カーネーション
Nelke (f)
ネルケ

すずらん
Maiglöckchen (n)
マイグレックヒェン

すみれ
Veilchen (n)
ファイルヒェン

チューリップ
Tulpe (f)
トゥルペ

バラ
Rose (f)
ローゼ

ひまわり
Sonnenblume (f)
ゾンネンブルーメ

ラン
Orchidee (f)
オルヒデーエ

ユリ
Lilie (f)
リーリエ

ゼラニウム
Geranie (f)
ゲラーニエ

フリーマーケットで
~時間を忘れてしまうワクワクがいっぱいの場所~

同じマルクトでも、こちらはフリーマーケット・蚤の市（Flohmarkt (m) フローマルクト）です。公園や町の広場、川沿いの並木道などに沿ってずらりと並んだ古物、年代物、今ではめったにお目にかかれなくなったもの、はたまた貴重なアンティークまで、面白いものがいっぱいです！

実際には買わず、見ているだけでも飽きません。ある蚤の市で、ラッキーなことに、マイセンの食器を安価でゲットした人もいますから、よく見ていくと掘り出し物が見つかるかもしれませんよ。私も時々行ってはちょこちょこと面白いものを見つけて買っていました。

蚤の市を表す単語は Flohmarkt フローマルクト。がらくた市という意味の Trödelmarkt トレーデルマルクトも使われます。アンティークに特化したものは Antikmarkt アンティークマルクトと呼びます。

気に入ったものがあったら売っている人に声をかけてみましょう。お店とは違う、気さくなやり取り・値段の駆け引きが蚤の市の醍醐味です。ただ勝手にいじくり回さないよう、周りの人達がどうやって見ているか注意しながら回っていきましょう。

「ちょっと高いな」と思ったら、ダメもとで値切ってみましょう。コミュニケーションのひとつとして気軽にやり取りができると、欲しいものをゲットできた時の喜びもひとしおです。「これも買うからまけて!」など提案型で攻めるのも手です。

Was kostet die Tasse / die Briefmarke / die Schallplatte?
ヴァス　コステット　ディー　タッセ／ディー　ブリーフマルケ／ディー　シャルプラッテ
このカップ／切手／レコードはいくらですか?

Kann ich das bitte mal ansehen?
カン　イヒ　ダス　ビッテ　マル　アンゼーエン
これ見てもいいですか?

Wie alt ist das?
ヴィー　アルト　イスト　ダス
これはいつ（どの年代）のものですか?

Könnten Sie das etwas billiger machen?
ケンテン　ズィー　ダス　エトヴァス　ビリガー　マッヘン
少しまけてもらえませんか？

＊ベルリン市内の蚤の市

ベルリンは旧東ドイツ時代のものがまだいろいろ見つかると思います。その点もお見逃しなく。

● Flohmarkt am Rathaus Schöneberg
ベルリンの歴史で重要な、シェーネベルクの市庁舎前で土日に開かれる市で、ちょっと立ち寄るのにいい市です。

● Flohmarkt am Mauerpark
Bernauer 通りにあるこの市はとても人気があります。食べ物の屋台もあるので、お腹が空いたら食べ物を買って、食べながら見られるのが魅力です。

● Flohmarkt am Fehrbelliner Platz
交通の便がよい場所にあります。中にはカフェもオープンしているので、蚤の市を見た後はのんびりとコーヒーを楽しめます。

● Trödelmarkt am Boxhagener Platz
ベルリン市外からも訪れる人が多いがらくた市。学生や市内の住民が自分の持ち物を安く売っています。

● Flohmarkt am Arkonaplatz
旧東ドイツの製品や、70 年代ごろの物を探したいならここがおススメ。

● Flohmarkt auf dem Breitenbachplatz

Zehlendorf 地区にあります。毎月第 3 日曜日に開催され、洋服、アクセサリー、本、レコードなどが並びます。

マウアーパークの
フリーマーケット

紳士用と淑女用、それぞれの
メモリ付きの面白いグラス。
こんなものも見つかります♪

スーパーで
～お買い物パラダイス!～

旅行中のちょっとした食べ物を買うにも、肩ひじ張らないおみやげを買うにも、スーパー（Supermarkt (m) ズーパーマルクト）はぴったり。食べ物は日常生活に結びついていますから、スーパーへ行けばその国の人達が普段食べているものが一目瞭然です。近くにスーパーを見つけたらさっそく入ってみましょう。

Entschuldigung.
エントシュルディグング
すみません。

Ja, bitte?
ヤー　ビッテ
はい、何でしょう？

Wo gibt es (finde ich) Schokolade?
ヴォー　ギプト　エス（フィンデ　イヒ）ショコラーデ
チョコレートはどこにありますか？

Schokolade gibt es direkt hier links.
ショコラーデ　ギプト　エス　ディレクト　ヒア　リンクス
チョコレートはすぐここの左にありますよ。

Danke.

ダンケ

ありがとうございます。

＊チーズコーナーで
an der Käsetheke (f) アン　デア　ケーゼテーケ

Kann ich Ihnen helfen?

カン　イヒ　イーネン　ヘルフェン

何かおうかがいしましょうか？

Ja, ich hätte gerne 200g Emmentaler und 150g Bergkäse.

ヤー　イヒ　ヘッテ　ゲルネ　ツヴァイ　フンデルト　グラム

エメンターラー　ウント　フンデルト　フュンフツィヒ　グラム

ベルクケーゼ

はい。エメンタールを 200 ｇとベルクケーゼを 150 ｇ欲しいのですが。

Das war's?

ダス　ヴァース

以上でよろしいですか？

エメンタール

Ja, danke.

ヤー　ダンケ

はい。

ベルクケーゼ

Das macht 6 Euro 30.

ダス　マハト　ゼクス　オイロ　ドライシヒ

合計 6 ユーロ 30 になります。

（7 ユーロ渡す）

70 Cent zurück. Danke!

ズィープツィヒ　ツェント　ツリュック　ダンケ

70 セントのお返しです。ありがとうございました。

Danke, auf Wiedersehen.

ダンケ　アオフ　ヴィーダーゼーエン

ありがとうございます。さようなら!

ドイツはエコバッグを持って買い物に行くのが普通で、お店で袋（Tüte (f) テューテ）を買うとたいていは有料なのですが、最近ではサービスの一環として袋をくれるところもあります。袋が欲しい時は、たいていレジの前や脇にあるので、自分で必要な分を取り、品物と一緒に代金を払います。

＊レジでは素早く!

ドイツのスーパーのレジ（Kasse (f) カッセ）は、たいていベルトコンベア式になっています。ベルト（Band (n) バント）の脇に 30 センチくらいの棒が置いてありますが、それは、ベルトに置いた商品が自分の前後の人の買い物と混ざってしまわないよう、ベルト上で仕切りをするためのものです。お客さんが自分の判断で使うものなので、前の人のやり方を見ていれば使い方が分かるはずです。ちなみに私は大きなドイツのキュウリで仕切りをしたことがあります。要は分かりやすくしておけばいいので、前の人が買う物との間に十分なスペースを空けておくだけでもいいです。

仕切り棒

レジの店員さんは、次から次へと商品をレジに通しては、その先へどんどん商品を流していきます。日本のように、袋詰めする場所が別に設けられているわけではないので、その場で袋に入れることになりますが、お金を払った後はすぐに後ろの人の番になり、今度はその人の買ったものがどんどん流れてきます。レジを通した商品は 2 列に流れて行くので、それほど詰まることはないのですが、それでも後ろに人が並んでいる時はゆっくり袋詰めしている余裕はないと思ってください。できればレジを通った商品はその場でどんどん袋へ入れてしまいましょう。

*ドイツならではのオーガニックスーパー

日本には少ししかないオーガニックスーパー（Biosupermarkt (m) ビオズーパーマルクト）も、ドイツにはたくさんあり、チェーン店もあります。普通のスーパー並みの規模の広さもあるし、品ぞろえも豊富。値段も日本のオーガニック製品より安いです。日本でおなじみのドイツ製オーガニックコスメなんかも、この機会に買いだめしてみては？

オーガニックスーパー

オーガニックブランド

いろいろな
オーガニック食材

××××××××××

【スーパー・食べ物の単語】

カゴ Korb（m）コルプ／ショッピングカート Einkaufswagen（m）アインカウフスヴァーゲン／レジ Kasse（f）カッセ／レシート Kassenbon（m）カッセンボン／袋 Tüte（f）テューテ／生鮮食品 frische Produkte（pl）フリッシェ プロドゥクテ／ソーセージ類 Wurstwaren（pl）ヴルストヴァーレン／肉類 Fleisch（n）フライシュ／乳製品 Milchprodukte（pl）ミルヒプロドゥクテ／バター Butter（f）ブター／チーズ Käse（m）ケーゼ／牛乳 Milch（f）ミルヒ／ヨーグルト Joghurt（m）ヨーグルト／魚 Fisch（m）フィッシュ／魚介類 Meeresfrüchte（pl）メーレスフリュヒテ／野菜 Gemüse（n）ゲミューゼ／果物 Obst（n）オープスト／デリカテッセン Feinkost（f）ファインコスト／菓子類 Süßwaren（pl）ズュースヴァーレン／冷凍食品 Tiefkühlkost（f）ティーフキュールコスト／飲料 Getränke（pl）ゲトレンケ／ビール Bier（n）ビア／ジュース Saft（m）ザフト／ワイン Wein（m）ヴァイン／水 Wasser（n）ヴァッサー／清涼飲料水 Limonade（f）リモナーデ／スピリッツ Spirituosen（pl）シュピリトゥオーゼン／加工食品（賞味期限の長い食品）haltbare Produkte（pl）ハルトバーレ プロドゥクテ／ブレッドスプレッド Brotaufstrich（m）ブロートアオフシュトリヒ／ジャム Marmelade（f）マーメラーデ／酢 Essig（m）エッシヒ／オイル Öl（n）エール／調理済食品 Fertiggerichte（pl）フェアティヒゲリヒテ／パスタ・麺類 Nudeln（pl）ヌーデルン／コーヒー Kaffee（m）カフェー／茶 Tee（m）テー／ココア Kakao（m）カカオ／ミューズリー Müsli（n）ミュースリー／パン・焼き菓子類 Backwaren（pl）バックヴァーレン／スパイス Gewürze（pl）ゲヴュルツェ／保存食品（瓶詰め、缶づめなど）Konserven（pl）コンゼアヴェン／サプリメント Nahrungsergänzung（f）ナールングスエアゲンツング／キッチン用品 Haushaltswaren（pl）ハウスハルツヴァーレン

ポストで
~日本へ郵便を送るついでに記念切手も~

帰国前の荷づくりで、持ち運びに不便な
ほど重くなってしまった時は、郵便で送って
しまうのも手です。急がないのであれば船
便やSAL便など安いものもあります。また、
親しい人へハガキなどを書いたら郵便局
へ行って記念切手（Sondermarke (f) ゾ
ンダーマルケ）を貼ってもらいましょう。さ
らに、時間があるならば、せっかくなので
いろいろな切手も見てみましょう。郵便局
によっては記念切手コーナーがあり、ショー
ケースを覗いて好きな切手を買うことがで
きます。かわいくてドイツっぽい、メルヘ
ンチックな切手がありますよ。

Deutsche Post のマーク
が入った郵便ポスト。
かつて郵便の到着を告げ
るために使われたラッパ
がロゴになっています。

小包を送る時は送り状を書かなくてはなりません。日本のように、送り状が
デスクに置いてあるので、記入して荷物と一緒に出しましょう。

Ich möchte das Päckchen nach Japan schicken.
イヒ　メヒテ　ダス　ペックヒェン　ナッハ　ヤーパン　シッケン
この小包を日本へ送りたいのですが。

Mit Luftpost oder Schiff?

ミット　ルフトポスト　オーダー　シフ

航空便ですか、それとも船便ですか?

Geht es auch mit SAL?

ゲート　エス　アオホ　ミット　エスアーエル

SAL 便もありますか?

Ja.

ヤー

はい。

Dann bitte mit SAL. Wie lange wird es dauern?

ダン　ビッテ　ミット　エスアーエル　ヴィー　ランゲ　ヴィルト　エス
ダウエルン

じゃあ SAL 便でお願いします。どのくらいかかりますか?

Etwa 4 Wochen.

エトヴァ　フィア　ヴォッヘン

約 4 週間です。

OK. Was kostet es?

オーケー　ヴァス　コステット　エス

分かりました。いくらですか?

16 Euro, bitte.

ゼヒツェーン　オイロ　ビッテ

16 ユーロです。

＊郵便物の送り方

Absender アプゼンダー（送り主）のところに情報を書いていきます。ドイツでは名前▶住所の順に書きます。Postleitzahl ポストライトツァールは郵便番号、Ort オルトは都市名です。

＊旅行中に送る時は、ドイツ国内で固定の住所がないはず。その時は日本の住所を書いても大丈夫だと思います。あるいは、窓口の人に、

Ich habe keine Adresse in Deutschland.
イヒ　ハーベ　カイネ　アドレッセ　イン　ドイチラント
ドイツには住所を持っていません。

と説明してみましょう。何も書かずに済むかもしれません。

送り状の右半分、Empfänger エンプフェンガー（受取人）と書いてあるところに受取主の情報を入れましょう。書き方の順番は、

名前▶番地▶住所▶市町村名▶都道府県名▶郵便番号▶国名となります。国名だけは全て大文字で書くことが多いです。

物品を送る時に、税関用の小さな紙へ記入を求められます。
Zollinhaltserklärung と書いてあるのがそれです。

まず、中身が何か選ぶところがあります。

Geschenk (n) ゲシェンク：贈り物

Dokumente (pl) ドクメンテ：書類

Warenmuster (n) ヴァーレンムスター：商品サンプル

Sonstige (pl) ゾンスティゲ：その他

となりますので、当てはまるところにチェック（バツ印など）を入れましょう。

次に、すぐ下に表があって、こう書かれています。

Anzahl und detaillierte Beschreibung des Inhalts

アンツァール　ウント　デタイーエルテ　ベシュライブング　デス
インハルツ

中身の個数と詳細な説明

海外（日本）へ送るものであれば英語での表記がいいでしょう。英語なら
ドイツと日本、両方の郵便局の人が理解できます。説明とありますが、日
用品など誰でも分かるようなものは名称だけで十分です。

例）2 books

Gewicht (n) ゲヴィヒト：重量
＊おおよそで構いません。

Wert (m) ヴェルト：価格
＊ユーロならユーロマーク（€）を添えましょう。

Nur für Handelswaren ヌア　フュア　ハンデルスヴァーレン：商用品のみ
＊商売で使うものでなければ記入の必要はありません。

Datum und Unterschrift des Absenders
ダートゥム　ウント　ウンターシュリフト　デス　アプゼンダース
：発送年月日と送り主の署名

×　×　×　×　×　×　×　×　×　×

【郵便に関する単語】
郵便 Post (f) ポスト／郵便局 Post (f) ポスト，Postamt (n) ポストアムト／航空便
Luftpost (f) ルフトポスト／ハガキ Postkarte (f) ポストカルテ／手紙 Brief（m）ブリー
フ／切手 Briefmarke (f) ブリーフマルケ／記念切手 Sondermarke (f) ゾンダーマルケ
／封筒 Briefumschlag (m) ブリーフウムシュラーク／速達 Eilpost (f) アイルポスト／小
包 Paket (n) パケート（小さいものは Päckchen (n) ペックヒェン）／住所 Adresse (f)
アドレッセ／差出人 Absender(m)アプゼンダー／受取人 Empfänger(m)エンプフェンガー

Notiz

....

ドイツのごみ事情

ドイツは「環境への配慮が行き届いている国」というイメージを持つ人も多いかと思いますが、実際にそれは正しいと思います。ごみの分別などに昔からルールがあって、みんなそれをよく守っているというのもその一例です。

ドイツの
ゴミ箱

町に行くと色分けされた大きなゴミ箱をよく見かけます。どんな風に分別しているかというと、大きく分けて「生ごみ（Restmüll (m) レストミュル / Restabfall (m) レストアプファル）」、「紙類（Papier (n) パピーア）」、「パッケージ（Verpackungen (pl) フェアパックンゲン）」、「ガラス類（Glas (n) グラース）」の４つです。

特徴的なのはガラス類で、街を歩いているとガラス瓶用の大きなごみ箱を見かけます（写真 **1**）。上部に穴が空いていてそこから瓶を入れるのですが、ガラスの色によって「Weiß 白（無色透明）」「Braun 茶色」「Grün グリーン」の 3 つに分かれています。穴から瓶を入れると、中に落ちた時に「ガシャーン!」と音がして、私はちょっとニガテなのですが、ドイツ人の中には、これでちょっとしたストレス発散をしている人もいるのだとか。。。

たまに公共スペースだと、写真 **2**のようにボトルを全て一緒にしているガラスゴミ箱（Mischglas (n) ミッシュグラス）もあります。

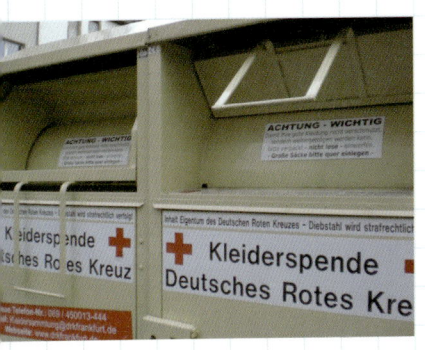

他には古着や古靴を入れる大きなごみ箱もあります。いつでも好きな時に入れられるので便利です。

◀ 写真右側のレバーを下に引いて開けると左の状態に。この部分に古着を入れ、レバーを押し戻します。

便利といえば、飲み物のボトルにはデポジットがついているものがあり、空瓶をスーパーへ持って行くと、デポジット返却機があるので、そこへ自分で空瓶を入れてデポジットをもらったり、レジで精算してもらえたりします。デポジット付きの瓶には Pfandflasche プファントフラッシェ、そうでないものには kein Pfand カインプファントと書かれています。

重いガラス瓶を微々たるデポジットのために、わざわざ持って行くのは面倒に思え
ますが、ドイツでは、ペットボトル飲料が増えてはきたとはいえ、ガラス瓶の割合
は日本に比べるとかなり大きく、家庭ではケースでミネラルウォーターやジュースを
買うのでかなりの量になります。実際、ドイツの瓶のリサイクル率はヨーロッパの中
でもトップの割合なのです。

そのほかに面白いなと思ったのは粗大ごみ（Sperrmüll (m) シュペアミュル）です。
使わなくなった家具など大きなものも捨てられていて、使えそうなものもよくあるた
め、「今日はどの地区が粗大ごみの日なんだ?」とチェックして物色しに行く人も、けっ
こういます。日本のように廃棄するのにお金はかからないし、道路沿いに置かれて
いるので、「捨てる神あれば拾う神あり」といった具合で、ちょっとした需要と供給
が満たされる場となっています。

でもごみの分別は慣れないとやっぱり大変で、私が留学中、学生寮に住んでいた
時も、細かくごみの分別が決められていて、例えば裏の堆肥置き場に捨てられる生
ごみが細かく分けられていたのにはさすがに戸惑いました。でもこうしたことの積
み重ねが環境維持・保護・リサイクルに繋がっているんですね。

ちなみにドイツではクリスマスツリーも回収してくれます。ドイツでは 1 月 6 日（公
現祭の日）までクリスマスツリーを飾るのですが、その後、地区ごとに回収されま
す。その日は通り沿いにたくさんのクリスマスツリーが転がっている光景を目にす
るでしょう。

Kapitel 3

第3章　カタコト＊ドイツ語で Abstecher

〜ベルリンからの旅〜

郊外へ出る気分で
ポツダムへ

ベルリンで都会の雰囲気を味わったら、ちょっと郊外へ出て自然を満喫しませんか?

ベルリンはベルリンだけで独立したひとつの州になっていますが、その外へ出るとすぐ、Brandenburg ブランデンブルク州に入ります。バッハのブランデンブルク協奏曲などで知られるブランデンブルクです。この州の州都が Potsdam ポツダムで、ベルリン中央駅からは S-Bahn という列車で 40 分ほどの場所にあり、ベルリンと合わせて首都圏を成しています。

町は森や湖、川に囲まれ、その昔プロイセン王国の首都でもあったため、お城や宮殿もあります。その一つが有名なサンスーシ宮殿(Schloss Sanssouci)。立派な庭園もついています。また市内にはポツダム会談が行なわれたツェツィーリエンホーフ宮殿(Schloss Cecilienhof)もあります。市内の名所を巡るバスなどもあるので上手に利用してみましょう。

ポツダム近郊の森
緑がいっぱいで癒されます♪

✳ ポツダムのおすすめスポット

サンスーシ宮殿
Schloss Sanssouci

「憂いなし」という意味のフランス語からつけられた名前の宮殿で、プロイセン王フリードリヒ2世によって1745年〜1747年に建てられ、夏の離宮、プライベートの余暇を過ごす宮殿として使われました。ドイツのロココ式建築の代表的なものとされています。中には著名な芸術家の作品も展示されていますし、広い庭園も見ごたえがあります。広大なサンスーシ公園（Park Sanssouci）の中には、他にもオランジュリー宮殿（Orangerie）、新宮殿（Neues Palais）もあります。ユネスコの世界文化遺産に登録されています。

ツェツィーリエンホーフ宮殿
Schloss Cecilienhof

Im Neuen Garten, 14469 Potsdam

第二次世界大戦の戦後処理などについて話し合われ、「ポツダム宣言」が制定された場所として有名です。皇帝ヴィルヘルム2世が後継ぎのヴィルヘルムとその妻ツェツィーリエのために建設させました。レンガと木材を使った造りは周りの自然とうまく調和しています。現在ここはホテルと博物館になっていて、ポツダム宣言にまつわる展示が見られます。

ロシアンコロニー「アレクサンドロフカ」
Russische Kolonie Alexandrowka

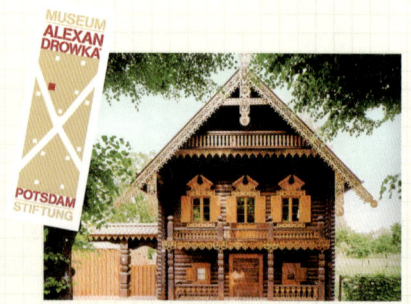

1826年にフリードリヒ・ヴィルヘルム3世が、亡くなった友人のロシア皇帝アレクサンドル1世を偲んで作らせた、ロシア様式の建物が並ぶ小さな村です。ユネスコ世界遺産にも登録されていて、ロシア式ティーハウスや博物館などがあります。

オランダ地区
Holländisches Viertel

約 150 のオランダ風建築が立ち
並ぶ界隈です。18 世紀に作られ
ました。散策したり、カフェでコー
ヒーを楽しんだり、ショッピング
を楽しんだりできます。

＊ポツダムで宿泊するならここがおススメ

ホテル バイリッシェスハウス
Hotel Bayrisches Haus

自然公園の中にたたずむホテルです。
メインの建物はプロイセン王フリードリ
ヒ・ヴィルヘルム 4 世が、バイエルン
から嫁いできたエリザベート妃のため
に作らせたバイエルン様式の家です。
この建物の中はレストランになってい
て、ドイツでもトップシェフに数えられ
るグランシェフが、地方の素材を生か
して見事な腕をふるってくれます。

Im Wildpark/Elisenweg 2, D-14471 Potsdam

もう少し足を延ばして
マイセン・ドレスデンへ

旧東ドイツをもう少し旅してみましょう。

*エルベ川沿いの古都ドレスデン

13 世紀に初めて文献に名前が登場する、古く歴史ある町です。アウグスト強王のあだ名で知られるフリードリヒ・アウグスト 1 世の時に特に繁栄し、彼が建てた宮殿や教会が現在も町のハイライトとして残っています。

文豪ゲーテや森鴎外もこの町が気に入って滞在していました。第二次大戦でかなりの打撃を受けましたが、戦後と東西ドイツ統一後に復興・修復され、見事な街並みを見せています。ベルリンから、一番速い電車だと約 2 時間で着きます。

クラシックなだけではなく、
モダンな一面もあります。

＊ドレスデンの見どころ

ツヴィンガー宮殿
Der Dresdner Zwinger

ツヴィンガー宮殿

町の古い城壁と、拡張した新しい城壁の間の空き地を、ツヴィンガーと呼んでいました。ここにアウグスト強王が18世紀に建築させたのがツヴィンガー宮殿です。大きなバロック建築に囲まれた広い敷地に入ると、その規模の大きさに圧倒されます。中には次のような見学スポットがあります。

王冠の門
（kronentor）
ツヴィンガーに入る門としては、最も有名なものです。

アルテ・マイスター絵画館
Gemäldegalerie Alte Meister

敷地内の Semperbau という建物の中にあります。アルテ・マイスターの名前の通り、ラファエロの「システィーナの聖母」をはじめ、デューラー、ルーカス・クラナッハ、ルーベンス、レンブラントなど、中世を代表する画家の作品が展示されています。中世絵画好きにはたまりません。

武器博物館
Rüstkammer

ヨーロッパや東洋から集めた1万点を超える甲冑、剣などの武器が展示されています。武器というとつまらなく聞こえるかもしれませんが、貴族階級向けに仕立てられ、職人技術を凝らした鎧など、見てみると面白いものもいろいろあります。

陶磁器博物館
Porzellansammlung

マイセンはもちろん、中国の陶器コレクションなど約 2 万点ものコレクションが広々とした建物の中に展示されています。これらはアウグスト強王のコレクションが元になっています。優雅な気分に浸れますよ。

数学・物理学サロン
Mathematisch-Physikalischer Salon

ここは昔からの計測器の数々が展示されています。また古い地図、地球儀、天文学に使われた器具・資料なども保存されていますし、世界時計とともにたくさんの時計も展示されています。

仕掛け時計
Glockenspielpavillon

マイセン磁器で作られたベルが音楽を奏でる仕掛け時計です。季節によってヴィヴァルディの「四季」やモーツァルトなどのメロディを聴くことができます。

ニンフの浴場
Nymphenbad

ドイツ国内のバロック様式の噴水としては最も美しいものの一つとされています。滝もついている豪華な噴水です。

ザクセン州立歌劇場（通称ゼンパー・オーパー）
Semper Oper

リヒャルト・ワーグナーやリヒャルト・シュトラウスの作品が演奏されたオペラハウスで、世界的にも古い、歴史あるオーケストラを抱えています。ゼンパーはこの建物を再建した建築家の名前です。建物も立派ですが、できれば中でオペラ鑑賞も楽しんでみたいですね。

クリスマスマーケット
Dresdner Striezelmarkt

12月にドレスデンを訪れる人はぜひ、クリスマスマーケット（Dresdner Striezelmarkt ドレスナー　シュトリーツェルマルクト）へ行ってみましょう。ドイツ国内でも有数のクリスマスマーケットです。Striezel はドレスデン名物の Stollen シュトレンの古い呼び方です。

シュトレン

このドレスデン名物シュトレン（Dresdner Christstollen）は、EU の地理的表示保護にも登録されている、クリスマスの時期に食べるお菓子です。12月の初めごろには毎年シュトレン祭（Dresdner Stollenfest）も開催されます。市内のパン・菓子職人たちが巨大なシュトレンを作り、馬車に乗せて市内をパレードし、その後市長とシュトレン娘がケーキカットをして見物客に振る舞います。

● Dresdner Eierschecke ドレスナー　アイアシェッケ

Eier は卵（複数）、Schecke は菓子パンの生地を使ったケーキで、リンゴやクリームチーズ、ケシの実などのフィリング（中に詰める具材）に、卵、クリーム、砂糖、小麦粉を混ぜて作った、ふわふわのフィリングを重ねて作ります。中世の男性の服装で、長い衣にベルトで腰をぎゅっと締めた形のものをシェッケと呼んでいたそうで、この服装の3層（腰の上の部分、腰の部分、腰の下部分）がアイアシェッケの3層を思わせるところからこの名前がついたとか。

その他フレッシュチーズのクワルク（Quark（m）クヴァーク）を使ったパンケーキの Quarkkeulchen クヴァークコイルヒェンや、パスタ生地を広げてベーコンなどの詰め物を入れてくるくる巻き、茹でて肉料理などの添え物として食べられる Wickelklöße ヴィッケルクレーセなどがあります。

*マイセンの見どころ

ドレスデンから25キロほど離れたところにあるマイセン。マイセンといえば高級磁器が作られる町として知られています。日本でもこの町で生まれる高級磁器は有名ですね。

マイセン磁器はアウグスト強王が1710年に「王立磁器製作所」を設立させ、磁器の製造に力をそそいできたことに端を発します。青が美しい「ブルーオニオン」など代表的な絵柄を見学できる工房もありますから、ぜひ立ち寄ってみてはいかがでしょう。

国立マイセン磁器製作所
Porzellan-Manufaktur Meissen

ここへ行くとマイセン磁器の 300 年の歴史を、美しい作品の数々とともに垣間見ることができます。見学可能な工房では絵付けの様子なども見られて面白いですよ。

＊マイセン磁器にどっぷり浸かるならここ!

Haus Meissen

ここにはマイセン美術館のほか、本社ならではの豊富な品揃えで、磁器やジュエリー、スカーフなどのマイセン製品を買えるショップ、レストラン＆カフェも入っています。時期によってはイベントなども開催されています。

Talstraße 9, Meißen 01662

美しいぶどう畑♪

＊もう一つチェックしてみよう!ザクセン地方のワイン

あまり知られていませんが、ザクセン州ではおよそ 800 年前からワインが造られてきました。ドイツワインといえばライン川・モーゼル川流域などドイツ西部が有名ですが、せっかくマイセンに行くのなら、この地域のワインもぜひ試してみてください。品種としては Müller-Thurgau ミュラー・トゥルガウ、Riesling リースリング、Weißer Burgunder ヴァイサーブルグンダー（ピノブラン）、Grauburgunder グラウブルグンダー（ピノグリ）といった白ワインが特に多いです。9 月にはワイン祭も開かれます。

ピルナ（Pirna）からドレスデンを経て、マイ
センをはじめとするエルベ河畔の村々を通る約
55キロのワイン街道です。いろいろなところで
ワインが楽しめるほか、天気のいい時期には
ワイン畑の散歩、サイクリングなどもおススメで
す。ワインと一緒に料理を楽しみたいと思った
ら、ザクセンワイン連盟が認定しているおスス
メレストランへ行ってみてはいかがでしょう？右
のロゴマークがついているところがその印です。

ザクセンワイン
連盟のマーク

Notiz

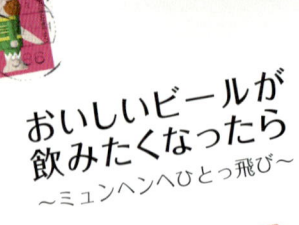

おいしいビールが
飲みたくなったら
～ミュンヘンへひとっ飛び～

ドイツは州政府型・地方分散型の国家構造なので、首都であるベルリンのほかにも、大きな都市が各地にあります。フランクフルト、ハンブルク、ケルン、シュトゥットガルトなど、どの町もそれぞれに魅力があり、その周辺地域もまた面白いのです。せっかくドイツに来たからには、ベルリンのある北部ドイツとは全く違ったドイツを経験してみませんか？思い切って南下してみましょう！ミュンヘンへは飛行機、あるいはDBドイツ鉄道の特急で6時間くらいかかりますが、直行便があります。

言葉も文化も違うドイツ第3の大都市、ミュンヘンの魅力に触れてみましょう。

München ミュンヘンは、ドイツ最大の州 Bayern バイエルンの州都です。BMWといった自動車メーカーや有名なサッカーチームがあること、または世界最大のビールの祭典、Oktoberfest オクトーバーフェストが開催されることでも知られています。また、世界的に有名な芸術作品を収蔵する美術館もあり、芸術も盛んです。天気がよければ遠くにアルプス山脈が見え、ベルリンとは違った風景も楽しめます。

＊ミュンヘンの見どころ

市庁舎
Neues Rathaus

ミュンヘン旧市街の中心 Marienplatz マ
リーエンプラッツにある立派な建物で、目
印にもなります。塔の上にも登れますので、
一日に 3 回、仕掛け時計が鳴るタイミング
を見計らって見に行ってみましょう。

ホーフブロイハウス
Hofbräuhaus

ドイツのビアホールのイメージといえば、ここが代表的なものでしょう。ホー
フブロイハウスとは「宮廷御用達のビール醸造所」という意味で、昔ここ
でバイエルン王室のビールが造られていました。観光客に有名ですが、
地元の人達もよく集まっています。音楽の生演奏もあって、賑やかな雰囲
気を楽しめます。

アルテはその名の通り、古い美術品を、ノイエは新しい美術品を収蔵する美術館です。アルテ・ピナコテークは世界的にも古い美術館に属します。教科書に出てくるような、ヨーロッパ中の中世の名画がたくさん収蔵されています。

ノイエ・ピナコテークの方も、18 世紀半ばから 20 世紀の絵画が約 5,000点収蔵されていて、ゴヤ、マネ、モネ、ゴーギャン、セザンヌなどなど、近代絵画を堪能できます。

BMW 博物館
BMW Museum

BMW の本拠地はミュンヘンだって知ってましたか？
BMW は、Bayerische Motoren Werke Aktiengesellschaft（バイエルン発動機株式会社）の略です。エンブレムの白と青はバイエルン州の色です。
建物は、4 つの丸いビルをくっつけたような個性的なデザインで、ここでBMW の世界（BMW Welt）と博物館（BMW Museum）と工場を見学（BMW Werkführung）できます。ガイドツアーで回るのもいいかもしれません。レストランやカフェ、お土産屋さんもあるので、ゆっくり時間を取ってBMW に浸ってみてはいかがでしょう。

ニンフェンブルク宮殿
Schloss Nymphenburg

「ニンフの城」という意味のバロック様式宮殿です。バイエルン選帝侯の宮殿で、1700年代初頭に完成しました。

ヴィクトゥアリエン・マルクト
Viktualienmarkt

ミュンヘン市庁舎広場からすぐ近くです。季節の野菜、果物、パン、肉類、チーズなど、たくさんのお店が出ていて、見るだけでも楽しいです。

市場にはこんな
目印が立っています。

雨がふってもこの盛況ぶり！

そのほか散歩などを楽しみたければ英国庭園（Englischer Garten）、9月後半に来たら世界最大のビール祭、Oktoberfest オクトーバーフェストへ行ってみましょう。

＊ミュンヘンで食べたいもの

ブレーツェル
Brezel

「プレッツェル」とアメリカ風に日本では呼ばれますが、Brezel (f) ブレーツェルが正しい呼び名です。ビールのお供やちょっと小腹が空いた時に、主に南ドイツで食べられます。バターを塗ったものや、同じ生地を棒状や丸状にしたパンもあります。周りの太い部分は「モチモチ」、ねじった部分は「カリッ」と、いろいろな食感が楽しめます。

ブレーツェルの形の由来は諸説あるようですが、「修道士が両腕をクロスさせて祈る姿を模したもの」という説が有力のようです。ミュンヘンのビアレストランでは、テーブルの上に籠に入ったブレーツェルが置いてあります。そこから各自食べたいだけ食べ、最後の清算の時、残った数を見て何個食べたか計算されるしくみになっています。オクトーバーフェストなどのお祭時には巨大なブレーツェルがパン屋さんの店頭を飾ります。

白ソーセージ
Weißwurst

ドイツには数百種類のソーセージがありますが、この白ソーセージはミュンヘンの名物です。子牛の肉でできていて、レシピによってパセリ、コショウ、レモン、玉ねぎなどを加えて味付けします。名前の通り、見た目が白くて味も淡泊な、茹でて食べるタイプのソーセージです。

このソーセージには他にも特徴があり、まず皮を剥いて食べることです。ナイフとフォークで食べる時は縦にナイフを入れ、半分に切り開いたら、一口ずつ切り、食べる分をフォークで押さえてナイフでその部分を皮からそぎ取るようにして食べます。地元ミュンヘンっ子が手で持って食べる時は、歯でしごきとるような感じで食べます。

もう一つの特徴は、このソーセージにつけるマスタード（Senf (m) ゼンフ）です。süßer Senf（bayerischer Senf または Weißwurstsenf）という、甘味のあるマスタードをつけて食べます。甘いマスタードと聞いて、ちょっと抵抗がある人もいるかもしれませんが、だまされたと思って、一度食べてみてください。とてもおいしいので絶対おススメです。街中のお肉屋さんのイートインコーナーなどでも食べられますよ。

✳ ミュンヘンのお買いもの

ダルマイヤー
Dallmayr

元バイエルン王室御用達の高級食材店ダルマイヤー。日本で買える商品もありますが、それはほんのわずか。ぜひミュンヘン本店へ行ってみてください。生鮮食材から加工食品まで、おいしそうなものがいろいろ並んでいます。お土産によさそうなものもいろいろありますよ!

お財布に余裕があれば、上の階にあるカフェとレストランもおススメです。レストランの方は、ミシュランの星も獲得している高級店で、おいしい食事を楽しみながら、しばしリッチな気分を味わえます。

さすが王室御用達!!
重厚な店構えがカッコいい。

南ドイツの民族衣装 ディアンドル
Dirndl

ビアホールの女性スタッフが着用している、エプロンがついたメルヘンチックな衣装といえばわかるでしょうか。最近は若い人向けにかわいい色やデザインのもの、ウェディングドレスまであったりします。値段も、セットで買える安いものから、礼服として着る高級なものまでいろいろです。市内にお店がいくつかあるので興味のある人は覗いてみては？

ノイシュヴァンシュタイン城
Schloss Neuschwanstein

ミュンヘンをさらに南下すれば、有名なノイシュヴァンシュタイン城です。ドイツといえばロマンチック街道 (Romantische Straße) を思い浮かべる人も多いかもしれませんが、その長いロマンチック街道の終点にあるのが最大のハイライト、ノイシュヴァンシュタイン城です。

昔からドイツ旅行の観光スポットとして有名ですが、実際見てみるとその壮麗な姿に圧倒されます。ミュンヘンからはバスや鉄道が出ています。駅からお城までの道を散策がてら歩くのもいいものです。馬車も乗れるので、つらくなったら利用してみましょう。シンデレラ城のモデルともなったお城でロマンチックなひと時に浸れます。

ドイツビール豆知識

ドイツといえば誰もが思い浮かべるのがビールでしょう。
ドイツは地ビールが主流で、みんな自分の町のビールを飲むことが多いです。
昔は醸造所の影が落ちる範囲でビールを飲む、といわれたほどです。

そして、どんなビールがあるのかというと、まず、ドイツビールを知る上で欠かせ
ないのが「ビール純粋令」。「ビールは水・ホップ・麦芽（モルト）・酵母だけで作る」
という条例で、制定されたのはなんと 1516 年。現存する食品に関する条例では世
界最古のものと言われています。ドイツのビール醸造所はこの条例を守りつつ、独
自のおいしいビールを作ることに誇りを持っています。

材料はシンプルですが、種類はいろいろあります。すっきり苦味の効いたピルスナー
が全国で一番人気ですが、各地方ごとにそれぞれ独自のビールがあります。

ケルンならケルシュ、デュッセルドルフならアルト、南へ行けばもっとビール文化が
盛んで、種類も増えます。小麦酵母を使ったヴァイツェン（ヴァイス）、ヘレス、コ
クのある茶色のドゥンケル、アルコール度数の強いボック、スモークしたモルトを
使ったラオホなどなど。

ビールの苦味がちょっと…という人でも飲める
ドイツビールがあるので紹介しますね。

ベルリーナ　ヴァイセ

●ベルリンなら
Berliner Weisse ベルリーナ　ヴァイセ
元々乳酸発酵させて酸味のあるビールに、ラズベリーあるいはクルマバ草のシロッ
プを入れて飲むビールです。色もきれいでカクテルのように楽しめます。クルマバ
草は日本ではあまり使われませんが、ドイツでは春が来るとこのシロップを使った
ドリンクを作ったりします。

鮮やかなグリーン色が、日本でよく見る
メロンシロップを思い起こさせますが、
味はもっとすっきり感があります。

クルマバ草
シロップ

●ミュンヘン、ドイツ南部なら
小麦酵母を使ったヴァイツェンをおススメします。ヴァイツェンは酵母から来るバナ
ナなどのフルーティな香りが特徴のビールです。泡が立つので大抵500mlからと
量は多いのですが、苦みはそれほど強くないのでおいしく飲めると思います。酵母
はビタミンなどが含まれていて肌によいとされているので、酵母が入っているのは
女性にはうれしい特徴でもあります。

変わっていますが、おいしい飲み方にバナナジュースを混ぜた Bananenweizen バ
ナーネン　ヴァイツェンもあります。色はどちらにせよ黄色いので、見た目には違
和感はありませんし、ヴァイツェンのフルーティさを強調した感じになります。

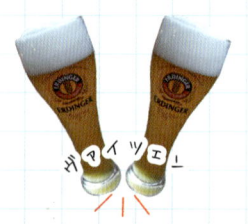

ヴァイツェン

ヴァイツェングラスは細長く、グラスの底が
厚いのが特徴で、グラスの底を互いにコツ
ンとぶつけて乾杯します。

コクがあってまろやかなドゥンケル
(dunkel＝暗い、濃い）も苦いのが
ダメな人にはおススメです。麦芽を
色が濃くなるまでローストしているの
でビールの色も濃くなっていますが、
ローストすることでカラメルっぽい風
味が出ます。

ドゥンケル

Kapitel 4

第4章 ドイツ通になるためのドイツ基礎知識

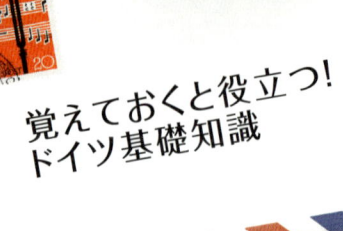

✳時差✳

ドイツは「中央ヨーロッパ時間帯」（Mitteleuropäische Zeit ミッテル
オイロペイシェ　ツァイト）に属し、日本とは－8時間の時差（夏時間
（Sommerzeit ゾマーツァイト）では－7時間）になります。

夏時間は3月の終わりごろに始まり、10月の終わりまで続きます。平日に
変更があると翌日の通勤や通学に影響するので、必ず土曜日から日曜日
にかけて変わることに決まっていて、ニュースでも案内されます。

✳州や宗派によって異なる祝日✳

ドイツは大きく分けてカトリックとプロテスタントの2宗派に分かれますが、
この宗派によって祝日が異なります。カトリックの方が祝日が多いのですが、
「自分はカトリックだから」とその祝日に勝手に休むのではなく、州ごとに
どの祝日を休日にするかが決まっています。

また学校の夏休みも州ごとに異なります。こうすることで、旅行に行く人達
の交通渋滞など、混雑を避けているのです。

✳ドアはブザーが鳴っているうちに入る✳

アパートやビルに入る時、アパートなら訪ねる人の家のブザー、ビルなら
ピンポンとベルを鳴らして入れてもらうのですが、中からの操作でブザーが

鳴ります。鳴っている間しかドアは開かないので、ブザーが鳴ったらすぐにドアを開けて入りましょう。そのしくみがわからないと「なんでブーって鳴ってるの?」「誰か来て開けてくれるの?」となってしまいます。気をつけましょう。

＊数字の数え方・書き方＊

ドイツ語では、21 以上の数字の数え方が特徴的です。例えば 24 は vierundzwanzig フィアウントツヴァンツィヒと言います。つまり「4 と 20」というわけです。慣れないと一桁と二桁の数字がごっちゃになってしまいます。

電話番号に関しても、06-12 34 56 7 という番号があったとすると、null, sechs, zwölf, vierunddreißig, sechsundfünfzig, sieben のように読んでいきます。書きとめる方も、まず一桁目の数字を書き、その左となりに二桁目を書く、という具合です。

文字で数字を表す時は、全部つなげて書きます。

35	fünfunddreißig フュンフウントドライシヒ
468	vierhundertachtundsechzig フィアフンデルトアハトウントゼヒツィヒ
1279	eintausendzweihundertneunundsiebzig アインタウゼントツヴァイフンデルトノインウントズィープツィヒ
50680	fünfzigtausendsechshundertachtzig フュンフツィヒタウゼントゼクスフンデルトアハツィヒ

初めて見るとびっくりしますが、小切手を使う時くらいを除いて、普通は算用数字で書きますからご安心を。

✳ コンマとピリオド ✳

ドイツではコンマやピリオドの使い方が日本と逆です。

例えば日本では「3,000 円」のように書きますが、ドイツ（をはじめとする大陸ヨーロッパ諸国）では「€ 3.000（3,000 ユーロ）」となります。

逆に小数点はこのようになります。

日本：3.1415…　ドイツ：3,14…

これも慣れないと間違ってしまうことがよくあるので気をつけましょう。また、手書きで数字を書く時、ドイツ人は日本人とちょっと違った書き方をします。

	日本人の書き方	ドイツ人の書き方
数字の 1	1	1
数字の 7	7	7

＊日付の見方＊

これも日独逆なので気をつけましょう。2013 年 6 月 1 日をドイツ語では
01. 06. 2013 と書きます。日、月、年の順です。03. 08. 2013 は 2013
年 3 月 8 日ではなく、8 月 3 日ですよ。これも最初ちょっとややこしいか
もしれませんが、日本と真逆と覚えておけばいいでしょう。03. August
(Aug.)2013 のように月が名前で書いてある時は分かりやすいですけどね。

× × × × × × × × × ×

【月の名前】
1 月 Januar（m）ヤヌアー／ 2 月 Februar（m）フェブルアー／ 3 月 März（m）メアツ
／ 4 月 April（m）アプリル／ 5 月 Mai（m）マイ／ 6 月 Juni（m）ユニ／ 7 月 Juli（m）
ユリ／ 8 月 August（m）アウグスト／ 9 月 September（m）ゼプテンバー／ 10 月
Oktober（m）オクトーバー／ 11 月 November（m）ノベェンバー／ 12 月 Dezember
（m）デツェンバー

＊トイレ＊

トイレは WC ヴェーツェーや Toilette (f) トアレッテと書かれています。女性用は Damen あるいは略して D、男性用は Herren、略して H と表示されています。

公共のトイレはどこもきれいで、ドイツ人の清潔好きがうかがえます。お掃除のおばさん、おじさんがいて、たいてい入口付近にテーブルが置いてあり、その上にチップを入れる小皿があります。気持ち程度でいいので、出る時にチップを入れましょう。

最初にコインを入れて使う有料タイプのトイレもあります。こちらはだいたい 50 セントくらいが平均料金です。

＊エチケット＊

「日本と違うな」とドイツでまず思ったのは、鼻のかみ方。日本では大きな音を出して鼻をかむと、特に食事の時などは「はしたない」と思われますが、ドイツでは逆。鼻をすする方がみっともないので、鼻がつまったり、鼻水が出る時はすぐに鼻をかむようにしましょう。少しでも鼻をすすると電車の隣に座っている見知らぬ人からでも「ティッシュ要りますか?」と言われてしまうことがあります。(もしそう勧められることがあれば遠慮なくいただき、その場で鼻をかむのが賢明です。もらうのを遠慮して引き続き鼻をずるずるしていると、かえって嫌がられます。)食事の時、授業や会議中でも、おかまいなく鼻をかんですっきりしましょう。

ちなみにドイツのティッシュは、これまた日本のと違ってしっかり厚めです。昔ヨーロッパではハンカチで鼻をかんでいました(時々ご年配の方には今でも布のハンカチで鼻をかむ人がいます)が、ハンカチのことをドイツ語で Taschentuch (n) タッシェントゥーフといい、ティッシュのことは「紙のハンカチ」という意味で Papiertaschentuch といいます。元々ハンカチだったものを紙にしたので、しっかり厚めに作ってあるのかなあと思います。最初

は日本の薄いティッシュの方が使いやすく感じられるのですが、しばらくドイツのを使っていくと、しっかりした使い心地に慣れてきます。

✳ドイツの国旗✳

ドイツの国旗は黒、赤、金（Schwarz, Rot, Gold）の3色で、横のストライプです。ナポレオン戦争時の義勇軍の制服から来ているそうで、紋章は国鳥のワシがモチーフになっています。ちなみに時々間違われるベルギーの国旗は黒・黄・赤の順で縦縞です。

こっちはベルギー

こっちがドイツ！

✳北と南、東と西✳

ドイツもやはり、地方によって方言があったり、気質が違ったりします。北部のブレーメンの人達は自由な気質を持っていると言われ、南のバイエルンの人達はバイエルンに誇りを持っていると言われます。西のライン川流域の町ではカーニバルを賑やかに祝うのに対し、北部、東部の人達は興味を持たないばかりか、バカ騒ぎだと敬遠する人もいます。個人レベルでは皆それぞれなので、偏見を持たずに接するのが一番だと思いますが、いろいろな地方へ行く機会のある人は、その気質の違いが面白く感じられるかもしれません。

方言も地方ごとにあります。旅行者でもすぐに分かる違いは挨拶の言葉でしょう。「こんにちは」は「Guten Tag.」ですが、これが南に行くと「Grüß Gott.」と変わります。遠距離を移動したら、その先ではどう挨拶しているのか観察してみましょう。

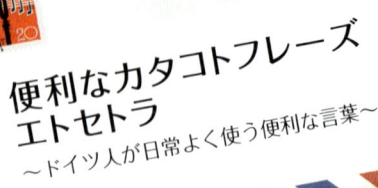

Ach so. アハ　ゾー
あ、そうなんだ。（？をつけると「あ、そうなの？」という疑問文
になります）

Ach アーハ
ああ、おや、あっそうだ、など感嘆の声

OK オーケー
オッケー

Tschüss! / Tschüs! チュース
バイバイ！

Echt? エヒト
ほんと？

Wie bitte? ヴィー　ビッテ
え、何？

Prima! Super! Klasse! プリマ！　ズーパー！　クラッセ！
すごい！最高！

Toll! Cool! トル！　クール！
素晴らしい！かっこいい！（クールはもちろん英語から来てます）

Alles klar. アレス　クラー
了解。オッケー。

(Ist) Alles klar? （イスト）アレス　クラー
大丈夫ですか？

Klar. クラー
当たり前だよ。オッケー。

Na dann... ナー　ダン
それじゃあ…

Na ja,... ナヤー
うん、まあ（しぶしぶといったニュアンス）

Wo? ヴォー
どこ？

Was? ヴァス
何？

Wer? ヴェア
誰？

In Ordnung. イン　オルドヌング
オーケー。了解。

So so. ゾー　ゾー
まあまあ。

So la la. ゾー　ララ
まあまあ。

Sowieso ゾー　ヴィーゾー
いずれにしても（**So oder so** ゾー　オダー　ゾーとも）

Na und? ナ　ウント
それで？

Mal sehen. マル　ゼーエン
まあちょっと見てみよう。

Glück gehabt. グリュック　ゲハプト
ラッキーだったね。

Pech gehabt. ペヒ　ゲハプト
残念だったね。

Ich bin fertig. イヒ　ビン　フェルティヒ
準備できたよ。終ったよ。（ヘトヘトの意味もあります）

Hilfe! ヒルフェ
助けて！

Endlich! エントリヒ
やっと（来た）。

(Es) geht so. （エス）ゲート　ゾー
それで（なんとか）大丈夫。

Ach was. アッハ　ヴァス
何をおっしゃいますやら。

Los geht's. ロース　ゲーツ
さあ、行くぞ。

Vielleicht. フィーライヒト
かもしれない。

Wahrscheinlich. ヴァールシャインリヒ
多分。

Natürlich. / Na klar! ナテューアリヒ／ナ　クラー
もちろん。

Früher oder später フリューアー　オーダー　シュペーター
遅かれ早かれ（※ドイツ語の語順は早かれ遅かれ）

Mehr oder weniger メア　オーダー　ヴェーニガー
多かれ少なかれ

Schade. シャーデ
残念。

Es geht (nicht). エス　ゲート（ニヒト）
大丈夫、いける（ダメだ）。

Einen Moment, bitte. アイネン　モメント　ビッテ
少々お待ちください。

Halt! ハルト
ストップ！

Psst! プスト
しーっ！静かに！

Pfui! プフイ
うへえ！（汚いもの、気持ち悪いものに対して）

Aua! アウア
痛い！

Achtung! アハトゥング
気を付けて！（注意！）

Furchtbar! フルヒトバー
ひどい！

●日時・曜日の言葉

7 Uhr 30 ズィーベン　ウーア　ドライシヒ
7時30分

heute ホイテ
今日

gestern ゲスターン
昨日

morgen モルゲン
明日

übermorgen ユーバーモルゲン
あさって

von ○○○ **bis** □□□ フォン ○○○ ビス □□□
○○○から□□□まで

Jahr ヤール
年

Monat モーナート
月

Tag ターク
日

Morgen モルゲン
朝

Vormittag フォアミッターク
午前

Mittag ミッターク
お昼

Nachmittag ナーハミッターク
午後

Abend アーベント
夕方

Nacht ナハト
夜

Montag モンターク
月曜日

Dienstag ディーンスターク
火曜日

Mittwoch ミットヴォッホ
水曜日

Donnerstag ドナースターク
木曜日

Freitag フライターク
金曜日

Samstag / Sonnabend ザムスターク／ゾンアーベント
土曜日（**Sonnabend** はドイツ北部などで使われる）

Sonntag ゾンターク
日曜日

●表示の単語

Eingang アインガング
入口

Ausgang アウスガング
出口

Ziehen ツィーエン
引く

Drücken ドゥリュッケン
押す

Bitte klingeln ビッテ　クリンゲルン
ベルを鳴らしてください

Einbahnstraße アインバーンシュトラーセ
一方通行

Fußgängerzone フースゲンガーツォーネ
歩行者専用道路

Eintritt verboten アイントリット　フェアボーテン
入場禁止

Rauchen verboten ラウヘン　フェアボーテン
喫煙禁止

Einsteigen アインシュタイゲン
乗車

Aussteigen アウスシュタイゲン
降車

Gefahr ゲファール
危険

Fahrradstraße ファーラートシュトラーセ
自転車用道路

Sommerschlussverkauf ゾマーシュルスフェアカウフ
サマーセール

Winterschlussverkauf ヴィンターシュルスフェアカウフ
ウィンターセール

イラストマップで巡る
ベルリン＊ハイライトツアー

おさえておきたいベルリンの
見どころをご紹介します！

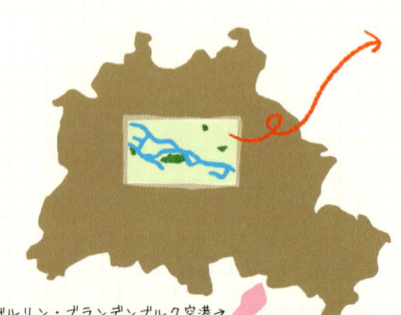

ベルリン・ブランデンブルク空港→
（現シェーネフェルト空港）

本文中で紹介したようなベルリンの見どころ
は、けっこう近くにまとまっています。遠くか
らでも分かりやすい目印はテレビ塔や戦勝
記念塔（ジーゲスゾイレ）だと思いますが、
ブランデンブルク門やティーアガルテンを中
心にして動くとさらに分かりやすいでしょう。
地下鉄などの交通機関もうまく利用すれば、
ベルリンの街を効率よく楽しめます。

1 シャルロッテンブルク宮殿＋庭園　　**2** ティーアガルテン（動物園）

3 マウアーパーク　　**4** フォルクスパーク・フリードリヒスハイン

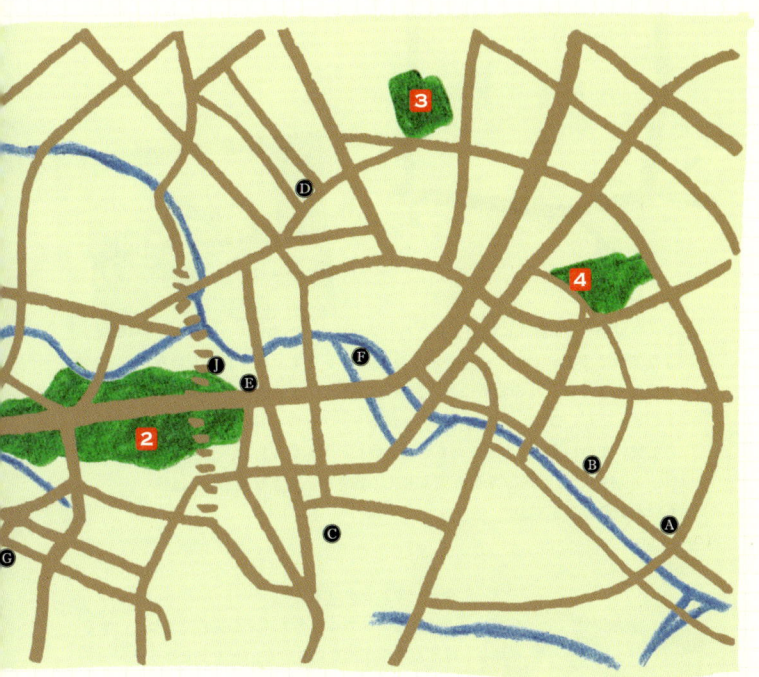

Ⓐ〜Ⓑイーストサイドギャラリー *East Side Gallery* ／Ⓒチェックポイント・チャーリー *Checkpoint Charlie* ／Ⓓベルリンの壁記念館 *Gedenkstätte Berliner Mauer* ／Ⓔブランデンブルク門 *Brandenburger Tor* ／Ⓕムゼウムスインゼル *Museumsinsel* ／Ⓖ KaDeWe *KaDeWe* ／Ⓗクーダム *Ku'damm (Kurfürstendamm)* ／Ⓘシャルロッテンブルク宮殿 *Schloss Charlottenburg* ／Ⓙ国会議事堂 *Reichstag*

●ハーブティー

ドイツはハーブを盛んに使います。ハーブティーの市場も大きく、日本よりずっと安く、しかもいろいろな種類が買えます。ブランドもいろいろありますが、私のお気に入りは Alnatura。ドラッグストアチェーンの dm でもこのブランドのコーナーがあり、ドイツへ行くといつもここで買いだめします。もっとたくさん買いたい！という方は、ぜひ薬局（Apotheke）へ。ハーブを量り売りしてくれます。大きな薬局なら種類もいろいろありますよ。

●オーガニックコスメ

ドイツはオーガニックコスメも有名ですね。日本では高くて手が出ないものも、ドイツではリーズナブル。日本にはまだないブランドも見つかるかも。オーガニックスーパーなら有名ブランドは一通り揃ってますし、薬局やレフォルムハウスにもあります。例えば dm というドラッグストアに行くと、日本でもおなじみのヴェレダがありますが、お試し用の小さいチューブが買えます。小さくてかわいいのでちょっとしたおみやげにもなります。

ドイツならではのおみやげ、高価なものでなくても、探せばいろいろ見つかります。自分用にも欲しくなる、私のおススメをいくつかご紹介します。

●お菓子
ドイツ人は世界一チョコレートを消費する国民なだけあって、安くてもおいしいチョコがたくさん売っています。普通のスーパーなどでも十分いろいろな種類があるのでいくつか買ってみましょう。有名なブランドの一つが Ritter Sport。正方形のチョコで、大きさや種類がいろいろあります。季節限定商品もあるので要チェック。ベルリンには Ritter Sport のショップもあります。カフェも併設されていますよ。

●記念切手
ドイツならではのかわいいモチーフやレトロなデザインの切手はいかがでしょう。グリム童話シリーズや観光名所、歴史的著名人、オクトーバーフェストなどのお祭、といろいろあります。大きめの郵便局にはショーケースがあって見ながら選べますよ。

●アンペルマングッズ
ベルリンのシンボルといえばアンペルマン。日本でもグッズは販売されていますが、ベルリンにしかないものもあります。ショップもあるので行ってみましょう。ベルリン市内には5か所あります。
詳しくはこちら→ http://ampelmannshop.com/

Photo credits

（ゴボウ）© Picture Partners - Fotolia.com
（ジャガイモ）© terumin - Fotolia.com
（セロリ）© eyeblink - Fotolia.com
（タマネギ）© eyeblink - Fotolia.com
（トマト）© EM Art - Fotolia.com
（なす）© eyeblink - Fotolia.com
（ニンジン）© Natika - Fotolia.com
（ネギ）© mates - Fotolia.com
（ハクサイ）© lithian - Fotolia.com
（ピーマン）© mates - Fotolia.com
（ブロッコリー）© Xuejun li - Fotolia.com
（ホウレンソウ）© mates - Fotolia.com
（レタス）© nwdo - Fotolia.com
● P122
（コショウ）© Norman Chan - Fotolia.com
（ショウガ）© sai - Fotolia.com
（トウガラシ）© moonrise - Fotolia.com
（ニンニク）© sorcerer11 - Fotolia.com
（バジル）© Dionisvera - Fotolia.com
（パセリ）© eyeblink - Fotolia.com
（ローズマリー）© Diana Taliun - Fotolia.com
（セージ）© eyeblink - Fotolia.com
（チャイブ）© eyewave - Fotolia.com
● P123
（カーネーション）© haru - Fotolia.com
（すずらん）© preto_perola - Fotolia.com
（すみれ）© kyonnta - Fotolia.com
（チューリップ）© m_a - Fotolia.com
（バラ）© Digitalpress - Fotolia.com
（ひまわり）© alfastudiofoto - Fotolia.com
（ラン）© doupix - Fotolia.com
（ユリ）© Diana Taliun - Fotolia.com
（ゼラニウム）© Kasia Bialasiewicz - Fotolia.com
● P127
（左）Mauerpark © visitBerlin | Günter Steffen
● P134
Briefkasten © Piet_Oberau - Fotolia.com
● P143（第3章扉）
© Merten, Hans Peter, Deutsche Zentrale für Tourismus e.V.
● P146
（上）Potsdam: Cecilienhof © Keute, Jochen, Deutsche Zentrale für Tourismus e.V.
（下）© Museum Alexandrowka, Potsdam
● P147
（上）© historicgermany.com
（下）© Hotel Bayrisches Haus
● P148
（左）Regenrinnen Kunst in der Kunsthofpassage © Spancken, Judith, k.A.
（右）Dresden & Dresden Neustadt Kunsthofpassage © Spancken, Judith, k.A.
● P149
Dresdner Zwinger, Staatliche Schlösser © Burgen und Gärten
● P151
（上）Dresden/Elbe: Semperoper, abends © Merten, Hans Peter, Deutsche Zentrale für Tourismus e.V.
● P153
Meissen Albrechtsburg mit Schiff © Tourist Information Meißen
● P154
（上）© ジーケージャパンエージェンシー株式会社
（下／左・中・右）© Merten, Hans Peter, Deutsche Zentrale für Tourismus e.V.
● P155
© Tourismusverband Sächsisches Elbland e. V.
● P156
© Tourismusverband Sächsisches Elbland e. V.
● P165
（下）Stuttgart: Bad Cannstatt, Cannstatter Volksfest, Bedienung © Stuttgart-Marketing GmbH
● P166
Schwangau/Schloss Neuschwanstein (1869-1886) © Cowin, Andrew, Deutsche Zentrale für Tourismus e.V.

―各章の各見出し項目部分の切手―
● 第1章 Deutschland Luftpost Stamp © redrex - Fotolia.com
● 第2章 Postage stamp Germany 1971 Women Churning Butter, Wooden Toy © laufer - Fotolia.com
● 第3章 Postage stamp Germany 1971 Nutcracker, Wooden Toy © laufer - Fotolia.com
● 第4章 Postage stamp Germany 1962 Notes and Tuning Fork © laufer - Fotolia.com

著者略歴

森本 智子　Tomoko Morimoto

ドイツに 11 年在住後、ドイツ農産物振興会日本事務所勤務を経て独立。ドイツ食品普及協会、株式会社エルフェン、ジャパンビアソムリエ協会代表。ドイツ Doemens Akademie の日本人ビアソムリエ 1 号。主にドイツ食品・食文化の日本での普及をテーマに販売イベント・展示会のコーディネート、ドイツの食に関する情報提供などの活動を行っている。

[監修]

境 一三　Kazumi Sakai

慶應義塾大学教授。ドイツ語、ドイツ文化の授業を担当するとともに、言語教育学の分野で研究活動を行っている。NHK ラジオドイツ語講座入門編講師、日本独文学会理事などを務めた。現日本独文学会ドイツ語教育部会長。主要著書、『ドイツ語教授法』（共著／三修社）、『パスポート独和・和独小辞典』（共著／白水社）など。

フォトエッセイとイラストで楽しむ
ちいさなカタコト＊ドイツ語ノート

2013 年 6 月 24 日　初版発行

著　者　森本　智子 ©
発行者　田村　雄

発 行 所 ㈱ 国際語学社
http://www.kokusaigogakusha.co.jp
〒171-0042 東京都豊島区高松 1-11-15 西池袋 MT ビル 601
TEL 03(5966)8350
FAX 03(5966)8578
振　替　00150-7-600193
印　刷　シナノパブリッシングプレス

写真提供／ジーケージャパンエージェンシー株式会社・志田恭子・作野徹・Rina Prinz-Sanchome・Martina Sick-Pannen
イラスト／竹永絵里　編集制作／根岸秀

ISBN 978-4-87731-681-5　無断複製を禁止します。
Printed in Japan 2013.　定価はカバー表示